Historical Sociology of "WADATSUMI"

「わだつみ」の歴史社会学

人びとは「戦争体験」をどう紡ごうとしたのか

那波泰輔 著
NABA Taisuke

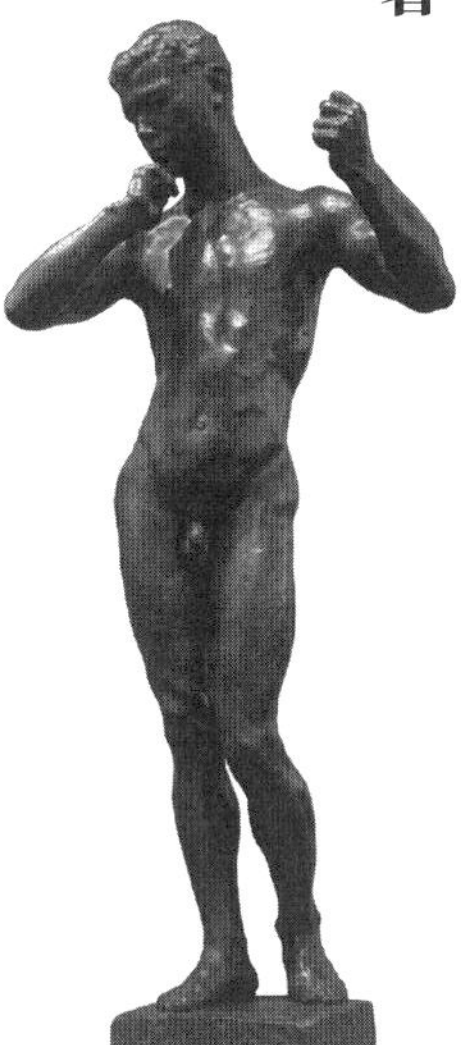

雄山閣

はじめに

なぜ人は「戦争体験」を継承することが大事だと思うのだろうか。そこにはさまざまな想いがあるだろう。また、世代によっても、なぜ大事に思うのかは異なるだろう。アジア・太平洋戦争の時代を生きた人びとと、敗戦後に生まれた人びとで、その違いが出てくるのは不思議ではない。

では、戦争体験者が社会のなかで多かった時代において、「戦争体験」の継承をおこなっていた人びとはどんな人びとなのだろうか。

「戦争体験」の継承をおこなっていた組織としてわだつみ会がある。わだつみ会は日本戦殁学生記念会として一九五〇年に発足し、途中で解散がありながらも、現在まで続いている団体である。正式名称からもわかる通り、わだつみ会は戦争で亡くなった学生、戦没学徒を記念することから始まった会である。

わだつみ会という通称で呼ばれる所以は、戦没学徒の遺稿集『きけわだつみのこえ』からとられたことにある。『きけわだつみのこえ』は一九四九年に刊行されたものである。亡くなった戦没学徒の手記をまとめた書物であった。これは当時のベストセラーとなるほど売れたのである。

その受容にはさまざまな形があると思うが、もう二度と戦争を起こしてはいけない、戦争の悲劇を繰り返さないという感情から受容された面もあるだろう。

現在まで続くわだつみ会は、そうした意志のもとで設立された団体でもあった。一九五九年に再建されたわだつみ会の規約の第二条にそれが表れている。

本会はわだつみの悲劇を繰り返さないために戦没学生を記念し、戦争を体験した世代と戦争体験を持たない世代の協力、交流をとおして平和に寄与することを目的とする。

本来なら学業に従事する学生がふたたび戦場に送られることがないように、「戦争体験」を継承していこうとしたのが、わだつみ会であった。

本書ではわだつみ会や会の人びとがいかにして「戦争体験」を紡いでいこうとしたのかを追っていきたい。わだつみ会はどのように「戦争体験」を紡ごうとしたのだろうか。「戦争体験」を語り、書いていくことだけが継承ではない。「戦争体験」の継承をしていくために、その土台となる組織の形成も必要となる。そうした「戦争体験」を継承するための土台を作っていくことも、「戦争体験」を紡いでいこうとすることであるだろう。

目次

序章　問題意識と先行研究、研究目的

一　問題意識の概要とテーマ

アジア・太平洋戦争から七〇年以上が経過した。戦争を体験していない非体験者が社会のマジョリティを占めるようになった。そうした時代情勢において、非体験者による「戦争体験」の継承が各地でおこなわれている。そのなかで「戦争体験」をどう継承するかという議論も活発になってきている。しかし、体験者の「戦争体験」の内容はつねに同じではない。「戦争体験」を記述する媒体や語る相手、時代によって変化していくのである。

本書では集団において、制度の変化によりその集団の方針や方向性が変わっていくことで、人びとの認識や「戦争体験」の記述・語り、その受容の仕方がいかに変容していったのかを考察する。研究対象としては、「戦争体験」について盛んに議論がされてきた日本戦歿学生記念会（以下、わだつみ会）を対象とする。筆者は、六年間のフィールドワークを実践して資料の収集や分析をおこなってきた。

わだつみ会は世代にわけて語られることが多く、「戦前派」・「戦中派」・「戦後派」・「戦無派」といった区分が用いられる。本書では、「戦中派」は「一九一〇年代後半から一九二〇年代中頃までに出生し、青年期に戦場または銃後で戦争を支える活動に従事した集団」と定義する。(1)「戦中派」より上の世代を「戦前派」、一九二〇年代後半からアジア・太平洋戦争敗戦時までに出生した下の世代を「戦後派」、敗戦後以降に出生した世代を「戦無派」とする。(2)

わだつみ会は四つの時期にわけることができる。(3)

第一次わだつみ会は戦没学徒の遺稿集である『きけわだつみのこえ』の刊行事業をきっかけに人びとが集い、一九五〇年の記念事業団体結成につながった。第一次は当初は文化人や遺族を中心とした記念事業団体として始まった。しかし、朝鮮戦争が始まったことで大学生や高校生がふたたび戦争に巻き込まれるのではないかという不安が生じ、学生を中心とした「運動団体」へと変わっていった。第一次の活動に参加した学生のなかには、のちにベトナムに平和を！市民連合（以下、べ平連）で活動をする高橋武智や吉川勇一などがいた。第一次は機関紙『わだつみのこえ』を購読している読者を会員とみなすかなり広い定義であったため、自分が会員とは思わずに購読している読者もいた。(4) そのため、第一次では明確な会員数は明らかではない。第一次は学生が中心となっていったことで、著作家が担っていた理事会が権限を失っていった。第一次はのちに「運動団体」と形容されることが多く、平和運動を中心に活動した時期もあったが、さまざまな要因により一九五八年に解散した。

第二次わだつみ会は一九五九年に始まった。第一次が「運動」に傾斜したとの反省から、第二次は「行動」「運動」しない「思想団体」という方向性となり、鶴見俊輔や山下肇、平井啓之、山田宗睦、安田武などの「戦中派」の著作家が中心となった。第二次は規約や会員要件などを規定し、第一次と比較すると、同会の要綱が明確なものとなった。第二次は「思想団体」であったが、安保闘争が生じたことで、「行動」「運動」することを主張する「戦後派」から批判を受けた。そして、全学共闘会議の運動（以下、全共闘運動）で立命館大学のわだつみ像が破壊されたことで、わだつみ会内部で「戦中派」と学生の対立が決定的になり、学生の多くが退会することになった。

第三次わだつみ会は激しい学生運動で揺れたあとの一九七〇年から始まり、「戦中派」の渡辺清を中心に天皇の戦争責任を追及した時期となる。第二次が学者や著作家を中心とした会であったのに対して、第三次は「天皇問題」の特集をおこなったことで、女性や市民、ジャーナリストなど同会の会員層が多様化した。

第四次わだつみ会は高橋武智を理事長として一九九四年に始まり、政治的な問題へわだつみ会が参加した時期である。『きけわだつみのこえ』の「改変」をめぐる問題があった時期でもあった。

わだつみ会は、先行研究においては、会内の「戦争体験」の議論について着目されてきた。もちろん、わだつみ会の「戦争体験」の議論を考察することは戦後日本の「戦争体験」の議論を考えるうえで重要であり、本書もわだつみ会の世代間の「戦争体験」をめぐる議論は分析の対象である。しかし、わだつみ会の「戦争体験」の議論の内容が中心的に論じられ、そうした議論を成り立たせていたわだつみ会自体の構造にはあまり着目がなされていない。わだつみ会の構造から「戦争体験」の語りを分析することは、「戦争体験」をその内容だけではなく、語り手がどういう意図を持って語っているかという観点も明らかにすることになる。

本書では資料やフィールドワーク、インタビュー調査から、「戦争体験」の記述や語りがいかに生成されていくのかを検討していく。本書の主題について詳しくは後述するが、要点にふれておきたい。

第一に着目する点は、「戦争体験」の議論が集団に与える影響である。これは会の方向性にも関わる問題である。現在の集団にそれがどういった影響を与えているかも焦点を当て研究をすすめていく。戦後日本における社会学での「戦争体験」の研究で、まずあげることができるのは当事者による研究であった。とくに、多くの同世代が戦場に行った一九二〇年代に出生した研究者たちの研究である。代表的な研究は一九二三年に出生した家族社会学が専門の森岡清美による『決死の世代と遺書』（一九九一）や『若き特攻隊員と太平洋戦争』（一九九五）などである。亡くなった同世代たちの遺書を「重ね焼き法」を用いて分析した。彼らより下の世代は、「戦争体験」が社会にどのように表れているのかという視点から研究をした高橋三郎『「戦記もの」を読む』などがあげられる。一九九五年頃から「戦争の記憶」という言葉が出てきたように、「体験」から「記憶」へと研究の視点が移行していった。さらに、当事者の資料や語りではなくメディアから「戦争の記憶」をみようとする研究も生まれている。こうした研究は社会のなかで「戦争の記憶」がどう表象をされていったのかを明らかにした点で評価できる。しかし、「体験」から距離をおいてさまざまな研究を生みだしたことで、人びとや集団にとって「体験」が持った意味合いが薄れてしまった。同様に、体験者にあえて聞き取りをしないというスタンスの結果、体験者たちがどういった想いで「体験」を記し語っていったのかという視点も薄くなってしまっている。無数にある「戦争体験」のうち、何が主要な要素として、当事者たちに選び取られたのかに着目することが重要となる[5]。ただしそれだけではなく、彼らが所属している環境においてなにが書けて書けなかったのか、なにが語れて語れなかったのかを考察していく必要もあるだろう。そうしたなかで、「戦争体験」を書くことに着目をした野上元（二〇〇六：二〇一一b）は、体験者がどのような想いを持っているのかについて聞き取りをおこなうことで「戦争体験」がどのように戦争体験記として落とし込まれていくかを考察し、「体験」が社会や集団でいかに呼び出されるのかを社会学的に分析している。本書も野上の視点を組み入れつつ、さらにそうした「体験」が現在の集団においてどう作用し、影響を与えているかを考察する。また、戦友会研究の清水亮（二〇一八）は元軍人の生活者としての立場に着目し、そのなかで彼らが参与する団体を中心に分析をおこなった。

わだつみ会という「戦争体験」を議論した団体がそうした議論からどのようにみずからを自己規定し、「戦争体験」を再考していったかを明らかにするのが本書の主題のひとつである。

第二に着目するのは、「戦争体験」における資料と語りの関係性、またそうした資料や語りがどのように生成されるかという点である。ひとつの視点として、歴史の実相を明らかにするための資料という考え方がある。歴史の実相を再構成するためには正確な資料を用いなければならないという視点であるともいえる。一九九〇年代は「慰安婦」問題などで証言が着目された時期である。証言が資料と照らしあわされ、資料に基づいた正確性において判断されることになった。そのなかで、語り手の証言の矛盾が一部から批判されることも生じた。しかし、単純に矛盾があるから証言を否定するのではなく、語り手の語りの矛盾に対して、なぜ資料との齟齬があるのかを検討する必要があるだろう。これは語りから語り手の認識を検討することでもある。そして、語りを検討することは資料の「客観性」を問い直すことになる。ある事柄について書かれた資料が多ければ、それが「事実」である可能性は高まる。しかしながら、なぜその事柄が資料に多く書かれているのかも検討をする余地がある。そのような検討作業によって資料が作成された時代の人びとの認識をみることができる。一九九〇年代のわだつみ会では「戦中派」がみずからの加害責任を述べた資料が少なくない。もちろん、「戦中派」が「反省」をして加害について書き始めたとみることもできる。しかし、なぜそうした加害の記述が増えたのかを検討することで、当時のわだつみ会における認識を明らかにすることができる。フィールドワークやインタビュー調査を通して、会で記述された資料も再検討し、「戦争体験」に関わる資料と語りの関係性、その生成を分析していく。

本書はこれらを明らかにすることで「戦争体験」を捉えなおすことができると考える。歴史学者の赤澤史朗が指摘しているように、「戦争体験」とは戦時中の体験ではなく、戦後という時代状況において語られ、記述された体験である。(6) つまり、「戦争体験」を検討する際には、その記述や語りが生成された時代状況などもふまえる必要がある。体験や記憶の共有や継承を直接の目的とするのではなく、それが課題とされるときに、「社会や人間関係、共同体のなかでどのように呼び出されているのかという社会学的な発想」が「戦争体験」の記述や語りを考察する際に重要である。(7)

本書では、わだつみ会を対象に上記の二つの問題意識から分析することで、「戦争体験」の記述や語りの諸相を明らかにできると考える。

また、「戦争体験」の継承が叫ばれている今日において、語り手が語っている「戦争体験」とは何なのかを問いなおすことで、継承の方法にも視座を与えることができる。

二　先行研究

この節では、まず「戦争体験」研究を中心に社会学における戦争研究を中心に先行研究を概観していく。次に、一九九〇年代以降の戦争研究を確認し、そこからどのような観点から戦争研究がおこなわれていったのかを呈示していく。わだつみ会の研究はおもに九〇年代後半から登場しており、いかなる研究のなかでわだつみ会の研究がなされるようになったのかを確認するために戦争研究を概観していきたい。

二―一　思想の科学研究会における「戦争体験」研究

戦後日本において、「戦争体験」の戦争研究として最初に確認できるのは、思想の科学研究会においてである。一九五九年頃には「戦後思想」や「戦争体験」といった言葉が一つの安定した熟語になっており[8]、また、久野収・鶴見俊輔・藤田省三によって編集された『戦後日本の思想』(一九五九、中央公論社)でも「戦争体験の思想的意味」というタイトルで鶴見が報告をするなど、この時期は「戦争体験」という言葉が受容された時期であった[9]。一九六四年に思想の科学研究会が発行している雑誌『思想の科学』で特集「戦争体験のゆくえ」が組まれている。思想の科学研究会は「体験」という主題への強いこだわりがあり、戦争(体験)を発酵母体とした思想運動であった[10]。思想の科学研究会は転向研究を早くからおこなった団体でもある。アカデミズムが扱わない問題や対象を扱っていったのが思想の科学研究会ともいえるだろう。そして、思想の科学研究会の特徴的なところは、アカデミズムと市井の人びとをつなぐ場でもあったことである。研究者と市民が共同で研究をおこなっていく場が思想の科学研究会であった。上記の特集の巻頭論文は、のちに日本社会学会の会長になり、当時京都大学教養学部助教授であった作田啓一(一九二二年生)である。作田の論文の特徴的なところは「戦争体験」を個人的体験のみで振り返ったものではなく、研究の視点からも「戦争体験」を分析しようとしている点である[11]。

作田は、「戦争体験」が戦闘体験や市民としての体験からなり、そして市民としての体験のなかには戦災体験や疎開体験、徴用体験、学徒動員の体験があるとし、戦争体験は千差万別であると述べる。さらに作田は、鶴見和子・牧瀬菊枝が編集した母たちの戦争体験記『ひき裂かれて』をあげ、この戦争体験記を「戦争という共通の状況の中で自分がどんな位置にいたかを的確に認識する作業」であると指摘する。この作田の指摘は、赤澤（二〇一七）が定義したように、「戦争体験」を当事者が戦後の生活からみずからの体験を振り返ったものであるとも捉えることができる。作田の研究は、「戦争体験」に関する戦争研究において、先駆的なだけではなく「戦争体験」が書き手や語り手にとってどのようなものであるかを言い表している点で優れている。このように「戦争体験」の戦争研究はアカデミズムと民間をつないでいる思想の科学研究会でおこなわれていた。

二―二　体験者による「戦争体験」研究と非体験者による「戦争体験」研究

次に「戦争体験」の戦争研究について体験者による研究から検討したい。この研究動向については野上（二〇一一b）が詳しいので野上に依拠しながら概観する。

ここで重要なことは体験世代による研究は一九九〇年ごろになるまで積極的にはおこなわれてこなかったことである。まず、森岡（一九九一）の研究をあげることができる。森岡がどのような意図で「戦争体験」研究をしたのかを、当時森岡が会長を務めていた日本社会学会での一九八九年の「死のコンボイ経験世代の戦後」の講演からみてみたい。森岡は個人史一般に高い学術的価値を置く立場ではないと留保しながらも、口述史の分野を開拓した中野卓の「その社会の構造および構造変動によって規定されながら、その構造変動を推進した人間」という文章を引用し、「地域や各界のリーダーたちの個人史には、格別の意義を認めてよいのではないかと考えている」と述べている。[12] 中野による口述史の手法が受容されていったことが、体験者による「戦争体験」研究を可能にする土壌を作ったともいえるだろう。

中野卓（一九二〇年生）は自分史という形で「戦争体験」研究をすすめていった。『学徒出陣前後――ある従軍学生のみた戦争』（一九九二）は自分史という手法による「戦争体験」研究とみることができる。中野はみずからの体験を描いていくことでひとつの時代性を明らかにしようとした。これは中野が取り組んできた口述史の方法論によって可能になったともいえる。

次に、学徒世代のような体験世代より下の世代、一九二〇年代後半から一九三〇年代に出生した世代による、「戦争体験」に関する戦争研究を概観したい。この世代の学者たちは「体験」を意識しつつもそこから逸れた形で戦争を扱おうとした。[13] 代表的な研究は、高橋三郎（一九三七年生）の『「戦記もの」を読む』（一九八八）であろう。[14]「戦争体験に基づいて書かれた手記、回想録、日記、手紙、エッセイ、研究論文、小説」などを広く指す「戦記もの」から、日本人の戦争観や軍隊観の一部を明らかにしようとした。[15] 高橋の問題意識で重要なことは、戦争や平和の研究は体験者をも納得させるものでなければならないとし、体験者の実感とあまりにかけ離れた認識に基づいた平和論を考えてもあまり効果がないという意識から「戦記もの」を対象としたことである。[16] つまり、九〇年代に入る前のこの時期においては、体験者の「体験」を念頭に置きながら研究がすすめられていたのである。これは高橋の世代に銃後体験があり、なおかつ兵隊体験がある体験者が身近にいながら育ったことも関係しているだろう。実際に、高橋は、「ある客観的事実を語る」ということと「自分を語る」ということとが否応なしに重なり合うようなテーマで、「客観的なことだけを語ることなどもともとできなかった」と述べている。[17]「戦争体験」研究において、研究者の体験の有無は研究の問題意識においても重要な要因であった。

また、高橋はこの研究の前には編者として『共同研究・戦友会』も研究成果として出している。この研究は戦友会を対象に、一九三七年生まれの高橋三郎が編著者となり、戦後生まれの「戦無派」が中心となって書かれた論集である。いままで分析がなされてこなかった戦友会を対象とした研究であった。この論集に対して、社会学者で「戦闘体験」があり戦友会の体験もある池田義祐（一九一五年生）が書評を書いている。池田はこうした研究が「現代の日本社会の研究」に独自の「社会学的意味」、「解釈」を附与せんことを望むと書いている。[18] これは「戦争体験」から社会を照射するものとして『共同研究・戦友会』を評価しているといえるだろう。この書評に対する著者たちのリプライから当時の「戦争体験」研究をおこなうことについての二つの意識を看取できる。第一は、体験者への後ろめたさである。著者らは、「戦闘体験」があり戦友会にも参加していた池田に教えを仰ぐことなく戦友会の研究をすすめてきたことに、後ろめたさがあると述べている。[19] つまり、「戦争体験」に関わる戦争研究がそこまでおこなわれていなかった理由には、当時を知っている体験者がいることが大きかったのである。第二は、第一と関わるが、体験者の存在への意識である。池田が「体験者としての立場をまったくおだしにならなかったこと」に、著者たちが「感激」したと書かれているように、自分たちのおこなってきた研究を体験者が自分の体験をもとに否定をしたりしなかったことなどに感謝の念が述べられている。[20] 一九九〇年代は体験者が高齢化し少なくなっていったことで、非体験世代によって「戦争体験」、「戦争の記憶」の研究がおこなわれるようになったのである。体験者の存在は、これらの研究をするうえで、研究者の意識に大きく関わっていった。『共同研究・戦友会』は非体験世代を中心とした「戦争体験」研究として、社会学における戦争研究において重要な位置づけをすることができるだろう。

二―三　歴史社会学の一九八〇年代の叢生と一九九〇年代の台頭

一九九〇年代以降の戦争研究、そして「戦争体験」の研究をみる前に、アカデミズムにおける歴史社会学の立場がいかなるものであったのかを確認したい。

田中紀行によれば、日本で歴史社会学がアカデミズムで認知されるようになったのは英語圏より二〇年遅く、「社会学者が歴史的素材を扱った研究をおこなうことの正当性が一応認められるようになった」（傍点はママ）のは一九九〇年代以降であった。(21) それまで歴史社会学が陽の目を見なかった理由としては、戦後日本の社会学はアメリカ社会学に強い影響を受けていたため、非歴史主義的な社会学（行動主義、構造主義、相互作用主義、交換理論など）が隆盛していたからである。(22) すでに研究が評価されていた天野郁夫が一九八二年に『教育と選抜』（第一法規出版）で著書全体のアプローチを「歴史社会学的接近」としたことで、歴史研究をする社会学者にアイデンティティとパースペクティブを与えることになった。(23) また、歴史社会学の論考を数多く残している筒井清忠は一九八四年の『昭和期日本の社会構造』（有斐閣）の副題に「その歴史社会学的考察」とつけており、さらに筒井は一九九〇年には『「近代日本」の歴史社会学』（木鐸社）を編集している。(24) 歴史社会学は八〇年代に社会学のなかで段々と認められるようになっていったが、九〇年代以降においてより台頭していった。八〇年代の歴史社会学研究が下地となって、現在の歴史社会学の研究を可能にもしていった。

二-四　一九九〇年代以降の戦争研究

一九九〇年代では、「戦争の記憶」という言葉が取りあげられるようになっていく。(25)『現代思想』一九九五年一月号では「戦争の記憶」が組まれているように、一九九五年あたりから「戦争の記憶」論が受容されていった。これは戦後五〇年という時間の経過において、過去の戦争の経験の当事者でないことを自明の前提とする、あきらかにそれまでの「戦争体験」研究とは異なった出発点をもつ議論だった。(26) そして、この流れは「戦争体験」を持たない非体験世代も「戦争体験」を研究対象とするようになったことを意味していた。『思想』一九九八年八月の「パブリック・メモリー」特集では、「思想の言葉」をアメリカの日本研究者のタカシ・フジタニが書いている。そこでフジタニは、日系アメリカ人収容所についてのレア・タジリのドキュメンタリー『歴史と記憶』に言及し、「直接的な経験」をもたない人間もまた、そうした経験を有した人間と力を合わせて、過去の出来事に関してのある記憶を生み出しうるとしている。(27)「戦争の記憶」は「記憶」という概念を用いることで、体験者だけではなく非体験者の体験も射程に含めていったのである。

この流れは戦争の実相を明らかにする研究だけではなく、言説などから人びとが戦争をどう認識していたかを分析する研究をより増やしていくことになった。(28)戦後五〇年が経過し、戦後の歴史的な位相が考察されるようになり、また「戦争体験」を共有しながら議論することが難しくなったことで、「記憶」の方法や戦争の「語り」への着目を生み出したのである。(29)吉田裕『日本人の戦争観――戦後史のなかの変容』（一九九五）二〇〇五）は一九九四年から一九九五年に『世界』で掲載されていた原稿を加筆したものである。当書は、「日本人自身の戦争観や戦争責任観が戦後史のどのような環境の下」で、「いかなるゆがみや偏りをもって形成されてきたのかという問題」を捉え直そうとしたものであった。(30)成田龍一は、この吉田の研究は戦後の戦争認識の推移を、戦争責任を軸にたどったものだし、戦争研究にとって「戦後の過程でメディアによって語られてきたものを無視できない」という点からおこなわれた研究のひとつだとしている。(31)また、被爆者の言説を分析した米山リサの『広島――記憶のポリティクス』（二〇〇五、岩波書店）もあげられるだろう。米山は広島についての言説を対象に記憶や体験がどのように再構成されるかに着目した。(32)米山の研究自体は、一九九六年八月の『思想』での「記憶の弁証法――広島」で広く知られるようになっていた。(33)戦争の認識自体を問い直す研究も出ており、代表的な研究ではメディア研究の佐藤卓己の『八月十五日の神話――終戦記念日のメディア学』（二〇〇五）二〇一四、筑摩書房）があげられるだろう。この研究は人びとが終戦記念日として認識している「八月十五日」が、いかにして終戦記念日となっていったのかを明らかにしている。佐藤はメディア体験に着目し戦争の認識を明らかにしていった。九〇年代の言説や戦争認識への着目は戦争研究にとって重要な出来事であった。[34]

また、二〇〇五年から刊行された『岩波講座　アジア・太平洋戦争』（二〇〇五〜二〇〇六、二〇一五、岩波書店）はこうした時代のなかで編まれたものであった。編集を担当したアメリカ研究の油井大三郎は、この講座の特徴として、従来の戦争研究は戦争を体験した「戦中派」が中心であったものの、この講座は「戦後派」が編集を担当したことを挙げている。[35]一九九〇年代はカルチュラル・スタディーズの台頭により実証史学の「実証」が問われるようになっており、ジェンダーやエスニシティ、記憶研究を取り入れていくことが不可欠だったとも指摘している。[36]二〇一五年には戦後篇として、成田龍一・吉田裕編『岩波講座アジア・太平洋戦争　戦後篇　記憶と認識の中のアジア・太平洋戦争』も刊行されている。これは戦後像も織り込んで戦争像を描き出そうとした研究であった。[37]戦争を描く際に、戦後の体験も意識して考察されるようになっていったのである。

二-五　「戦争体験」という言葉との距離

近年の戦争研究では、「戦争体験」から距離をとる研究も増えてきている。一九九〇年代において、非体験者の記憶や認識に目が向けられたことが関係している。「戦争体験」という言葉から距離をとったおもな研究として、成田の『「戦争経験」の戦後史』(二〇一〇、岩波書店)をあげることができる。それは、タイトルにみられるように「戦争体験」ではなく、「戦争経験」としていることにも表れているだろう。成田は体験／証言／記憶という三つの領域を持つ「戦争経験」という概念から戦争の認識と叙述の推移に着目し語りの位相を考察している。

こうした研究の方法論は体験者の言説を広く捉えようとする点で優れている。ただ、体験者の「戦争体験」への意識や非体験者にとっての体験者の存在をふまえながら考察もしていく必要があるだろう。本書では、半世紀以上続いているわだつみ会を対象とすることで、体験者と非体験者の交流を通して、体験者が「戦争体験」をどう記述していったのか、非体験者が「戦争体験」の継承をどう捉えていったのかを、わだつみ会という団体の変容と併せながら考察をしていく。

二-六　「戦争体験」研究の視点

では、「戦争体験」研究がどのような視点をもとにおこなわれているかを確認したい。

まず、近年の研究において「戦争体験」の範囲がどう捉えられているかを確認する。野上は兵士の「戦争体験」に関して、戦場での見聞や経験だけを指すわけではないとし、兵士は召集され戦地に赴き帰郷して復員するという「巨大な移動」のなかで戦争を体験したと指摘している。(38) 復員という行為も含めて「戦争体験」は意識されるのである。また、赤澤は「戦争体験」には二つの用法があるとし、ひとつは「普通名詞としての戦争の体験」を意味し、もうひとつは「最後になって獲得された独自の平和観や戦争への反省に立って、または戦後の経験を踏まえて、整理された自身の戦時中の体験」を意味していると述べる。(39)

以前の「戦争体験」への着目の場合、体験者の戦時中の「体験」を指して論じることが多かったが、近年では戦後の「体験」も含めて「戦争体験」と考えられていることがわかる。

こうした前提をふまえて、「戦争体験」研究を大別すると二つにわけられる。

第一は、「戦争体験」から戦後日本社会を描く研究である。

小熊英二は知識人の言説を対象に戦後思想を「戦争体験の思想化」であったとし、「戦争の記憶とはいかなる影響を及ぼすものなのか」という問題を思想の観点から明らかにしようとした(40)。この小熊の方法は、「戦争体験」そのものを理解することではなく、思想史における有力な観念のなかの一つとして操作的に扱うことで、戦後思想史を掘り起こそうとしたものであった(41)。

福間良明（二〇〇九）は戦後日本社会において、「戦争体験」がどう語られ、変容していったのかを明らかにした研究である。福間の関心は、現在における当事者の思いというよりも過去から現在にいたるまでの「戦争体験」の変容であった(42)。現在の記憶は過去に直接的に結びついていると同時に現在の制約に置かれているという理由から、福間は当時の文献資料やそこから把握できる知識人の言説を扱ったのである(43)。

吉田は元兵士たちの戦後史を考察する理由のひとつとして、「生き残った兵士たちの様々な営為」が「戦後日本の政治文化を社会の奥深いところで規定」していると考えたことにある（吉田［二〇一一］二〇二〇：四―五）。戦後の元兵士たちの歩みから社会をみようとしたのである。

これらの研究群に共通していることは、「戦争体験」から戦後日本社会を描写しようとしたことである。つまり、「戦争体験」が歴史を書くために必要とされる観念のひとつとして扱われるようになったのである(44)。

第二は、「戦争体験」が記述／口述された時期や場、社会関係に着目した研究である。社会を描くことも意識しながらも、「戦争体験」の個別性・固有性に焦点を置き、社会関係による「共有」の内実に注目した研究である。(45)野上は、長野県下水内郡栄村の住民の戦争体験記が編まれた過程を分析している。そこには「記述に対してある程度の拘束性」を持つ「共同性への配慮」があり、どこの媒体に書くか、自分以外の投稿者との関係、自分が属しているコミュニティなどが、肝要な機能を果たしていることを明らかにしている。(46)

野上の研究からわかることは、体験の語りや記述がどのような集団、社会関係においておこなわれたかをみていく必要性である。本書では、「戦争体験」の個別性、固有性にも注目し、いつ記述／口述されたのか、またどのような状況下においてなされたのかも分析をしていく。

そして、本書では、第三章でその点についておもに扱うが、そのために第一章、第二章でわだつみ会の団体としての特徴を分析していく。資料においてなにが記述でき、記述をできなかったのかにも着目することで、資料と「戦争体験」の記述の関係性も考察をしていく。

二－七　わだつみ会の先行研究

こうした「戦争体験」研究の動向のなかで、一九九〇年代後半からわだつみ会を対象とした研究がおこなわれるようになっていく。「戦争体験」の議論が活発であったわだつみ会の研究がなされていくのには戦争研究の変遷も関係していた。

以下では、わだつみ会の先行研究を概観していく。

わだつみ会の先行研究には次のものがある。作家の保阪正康の研究（［一九九九］二〇二〇）は、わだつみ会における権力闘争によって起こった『きけわだつみのこえ』の「改ざん問題」について、インタビューなどから明らかにしている。

保阪の研究の重要性は、わだつみ会を研究の俎上に載せたことである。いままで、時局的にしか言及されていなかったわだつみ会を考察、分析することで、その後のわだつみ会研究の下地を作ったといえる。その点において、保阪の研究は重要な意味を持っている。とくに、保阪の関心は『きけわだつみのこえ』の「改ざん問題」であったが、それに関して論じるだけではなく、わだつみ会の歴史そのものを描いたことは重要であった。保阪が調査したわだつみ会の歴史が参照されながら、その後のわだつみ会研究は進められていった。

保阪はおもにわだつみ会内の人間関係について描写しており当時の状況を克明に記している点で優れている。ただ、赤澤（二〇〇二）は、保阪の研究はおもに遺族側の視点からの九〇年代のわだつみ会の内紛への考察が多くなっていると指摘している。保阪は一九九〇年代のわだつみ会を遺族との対立の「改ざん問題」で論じているが、この時期はより若い世代から上の世代への問いかけが起こり、また記念館の設立が具体化した時期でもあった。わだつみ会の歴史をみるためには、九〇年代における若い世代の問いかけや現在の記念館の意味合いなども射程に含める必要があるだろう。しかし、その後のわだつみ会研究の基礎を作った点で、保阪の研究上の意義は大きいといえる。

歴史学者の赤澤史朗（二〇〇二）は、第二次わだつみ会を対象に分析をおこなっている。赤澤は戦後日本の戦争体験論の意味を探るために、「戦争体験」について活発な議論がなされた第二次わだつみ会を扱う。赤澤は第二次わだつみ会の中心的話題であった、「戦争体験」を運動とどう結びつけるのかという議論から世代間の対立を分析している。しかし世代間の言説に傾注しすぎている点で問題がある。ただ、赤澤の研究は世代の観点からわだつみ会の「戦争体験」の議論を分析する視点を提示したことにより、後のわだつみ会研究に大きな影響を与えている点で重要である。赤澤の研究は、『きけわだつみのこえ』の編集問題とは異なる視点からわだつみ会を分析する方法を提示することになった。

社会学者の福間良明（二〇〇九）は、世代との関連から「戦争体験」を論じた。世代という点から戦後日本社会における「戦争体験」の変遷を明らかにし、そのなかでわだつみ会を取りあげている。福間の研究方法は、当時を代表する人物に焦点をあて、また人びとの言説からわだつみ会を論じる手法である。福間の対象はおもに知識人の言説であるため、わだつみ会の多層性や各時期による会員の変容にあまり着目がなされていない。また、組織としてのわだつみ会にも考慮がなされていない。言説を対象としているために、組織の実務や制度が人びとの思想にいかなる影響を与えたのか、また思想によって実務や制度がどう変容したのかが明らかにされていないのである。もちろん、福間がわだつみ会の組織の部分の言及を抑えた理由には、わだつみ会における「戦争体験」をめぐる議論から、戦後日本の「戦争体験」の変遷の一端を明らかにしようとしたことがあった。福間のように、戦後日本の「戦争体験」をみていくためには、わだつみ会をマクロに分析する必要があった。福間がマクロな視点で明らかにしたわだつみ会をふまえながらも、本書は組織や制度の面からわだつみ会を分析していく。

こうしたわだつみ会の先行研究のなかで第一次わだつみ会に着目したのが、わだつみのこえ記念館で資料整理をしていた門脇愛（二〇一七）の研究である。門脇の研究の特徴的なところは、第一次の高校生の運動を分析したことである。第一次の運動が共産党と関係のあった大学生の運動に焦点があてられて語れることが多かったことに対して、異なる側面の第一次の運動を焦点としたのである。門脇の研究は第一次の「運動団体」としての認識を問い直なおすものとして重要であった。

社会運動史の観点から、第一次わだつみ会を対象とした研究には以下のものがある。[47]

第一次わだつみ会の研究の運動を対象にしているものでは、高橋雄造（二〇二〇）の研究をあげられる。高橋は日本の高校生運動の通史を提示という観点から、第一次わだつみ会を論じている。高橋は、全日本学生自治会総連合（以下、全学連）、反戦学生同盟（以下、反学同）との関係からわだつみ会を考察している。高校生運動の視点からみた場合、わだつみ会は高校生活動家を育てたが組織としては次期の高校生運動につながらなかったと高橋は結論づける。高橋の研究は高校生運動の観点からわだつみ会の意義を論じた点で優れているが、運動の視点からわだつみ会を考察した結果、運動の抗争を第一次の主要な解散要因としてしまっている。第一次の解散を運動のみに帰結させてしまうことは、第一次の多様な解散要因を捨象することになり、第二次以降のわだつみ会を考察する際にも問題が生じてしまう。ただ、高橋は日本の高校生運動を通史的にみることが目的であり、その観点からわだつみ会の解散要因を分析したこともあり、また、わだつみ会の全体像を描くことが目的ではなかった。高橋の研究は高校生運動におけるわだつみ会を明らかにした点で重要であった。

海外の研究でわだつみ会を考察したものには、Seraphim（二〇〇六）の研究がある。Seraphim は戦争の記憶の観点から、おもに第一次わだつみ会を分析している。わだつみ会の活動から戦争の記憶を分析しているので、わだつみ会の組織の体系に関しては詳細にはふれられていない。Seraphim は戦争の記憶の視座から分析したため、わだつみ会の活動を敷衍的に追っていく必要があった。

本書は『きけわだつみのこえ』の「編集問題」に関しては基本的に立ち入らない。[48] もちろん、『きけわだつみのこえ』とわだつみ会の結びつきは重要な事象である。しかしながら、これまでの研究では、『きけわだつみのこえ』の「編集問題」に着目するあまり、わだつみ会という組織でどのような人びとが動き、わだつみ会が成り立っていったのかの視点、アソシエーションの視点が薄くなってしまっている。清水（二〇二二）は、「戦争体験などの共通の属性に基づく〝コミュニティ〟」から「公共的な諸事情を立ち上げ、運営していく共同目的をもつ〝アソシエーション／コミュニティ〟への変化」に着目し、戦友会を分析した。(49)ただ、清水が指摘するように、アソシエーション／コミュニティは集団の「分類」として使用するのではなく、集団の「動態」、「多面性」の記述に使うのが有用であり、コミュニティを意識するあまり事業的、運営的な面のアソシエーションを見逃さないことが重要となる。(50)清水の方法論は、わだつみ会という組織がどういった目的で運営され、またそうした目的が変遷していったのかを分析するうえでも重要である。そうしたアソシエーションの視点において、「戦争体験」がどのように考えられ、記述され、語られたのかをみることで、「戦争体験」をより多層的に捉えることができるだろう。

そして、本著では、わだつみ会だけではなく、わだつみのこえ記念館を含めて、「わだつみ」として研究していく。わだつみのこえ記念館はわだつみ会の下部組織ではなく関連組織であるが、『きけわだつみのこえ』を起点としている団体として、わだつみ会に近い組織である。わだつみのこえ記念館は、戦没学徒の遺稿が展示してある平和博物館であり、わだつみ会より、より外に開かれた組織、場所といえる。そうした組織を対象とすることは、「わだつみ」が現代においてどのような存在であるのかを捉えることができるだろう。

アソシエーションから触れている既存の論考もあるが、基本的に『きけわだつみのこえ』の編集と関連させて論じられており、それとの関連が薄かった人びとの営為が捨象されてしまっている。

三　分析視座

三―一　歴史社会学的方法

本書では、以下の三つの歴史社会学的視点を導入する。(51)

第一に、人びとの歴史の認識過程を明らかにすることである。人びとはどのように歴史を記述し、どのようにそれを歴史として認識していくのだろうか。もちろん、記述には必ず主観が入っている。だが、主観は決して忌避すべきものではなく、主観それ自体も含めて、人びとが歴史をどう捉えていたかを表している。朴沙羅（二〇一九）は、いつ私たちは過去に関する記述を「正しい」あるいは「間違っている」と思い、なぜ私たちは歴史的な事実をそれとしてわかるか、過去に起きた無数の事柄の中で、何がいかにして歴史になるのかという問いを提起する。記録を残していくという営為に着目することは、彼・彼女らがなにを歴史と考えていったかを照射することでもある。どのようにその歴史が認識されていったのか、なぜそう認識したのか、その認識を支える「事実」がなぜ選択されたのかを検討していく必要がある。また、これは岸政彦が指摘する、「一見すると不合理な行為選択の背後にある合理性やもっともな理由」という「他者の合理性」を理解することでもある。(52)どのような「他者の合理性」に基づいて歴史が認識されていったのか、そして歴史となっていったのかを明らかにしたい。

第二に、語りと資料を双方から再帰的に分析することである。(53)従来、語りは「主観的」、資料は「客観的」

とされてきた。しかし、資料も当時の認識に基づいて作られており、資料もその生成を検討する必要がある。語りと資料の差異を明らかにすることで、その資料がなぜそのように生成されたかを分析する。語りと資料が異なった場合、語りが正しく資料が間違っているとしたり、または、資料が正しく語りが間違っているとするのではない。各々になぜそのような認識が生成されたのかを検討することで、人びとがどのように認識し、それが歴史となっていったのかを確認することができる。本書では、第三章でおもにその点について分析をおこなっていきたい。

第三は、資料や語りの多寡に着目することである。なぜそうした資料が残されているのか、なぜそのように語られるのかを考察するとともに、ある事柄に関する資料や語りがなぜ多いのか／少ないのかも分析する。[54]佐藤卓己は『言論統制――情報官・鈴木庫三と教育の国防国家』（二〇〇四、中央公論社）にて、なぜ鈴木庫三が言論人に対する「弾圧者」として語られるようになったのかを考察している。編集者による鈴木批判の資料から、編集者が国策に手を貸したというやましい部分を隠ぺいするために、みずからが被害者と名乗れるような「加害者」が必要とされたのではないかと佐藤は指摘している。[55]資料や語りの多寡を考えることは、「書かれたもの」「語られたもの」／「書かれなかったもの」「語られなかったもの」を検討することでもある。佐藤健二（二〇〇一）は歴史社会学の方法として、「書かれたもの」の歴史性を問うてきたが、「書かれなかった」ものにも着目する必要性を説いている。[56]本書では、資料の多寡にも着目し考察を進めていく。

まとめると、本書では歴史社会学的方法として、①歴史認識の過程、②語りと資料の検討、③資料の多寡の三つを中心に分析をおこなっていく。[57]

三―二　本書の位置および独自性

問題意識でも触れたが、先行研究と上記で確認した歴史社会学的方法をふまえて本書がもつ三つの独自性を説明する。

本書の独自性の第一は、わだつみ会そのものや会員の認識に着目する点である。本書ではわだつみ会の各時期の連関、各時期の認識の相互作用が現在のわだつみ会にまでどのような影響を与えているかを考察する。先行研究では、各時期を対象に分析がされたものが多く、各時期の連関の視点が薄くなっている。また、同会で共有されてきた各時期の認識を先行研究では無条件に受容してしまっている。もちろん、資料からみれば先行研究が示したような会の方向性は間違っておらず、いまの会員の語りもそれに相違はない。しかしながら、なぜそのように書かれ、語られるのかという、会や会員の認識を検討する必要がある。戦争の実相だけではなく認識へと戦争研究が着目するようになったように、わだつみ会の研究においても会や会員の認識を明らかにしていくことが重要である。

そして、わだつみ会や会員の認識を分析することは、彼らの「戦争体験」の語りや記述の諸相も明らかにするものである。元陸軍将校たちが中心となった戦友会である偕行社を分析した角田燎（二〇二四）は、「ライフステージ」や「体験者集団における立ち位置」、「社会状況」などの、体験者が「置かれた状況」をふまえて、「体験者の『証言』『記録』のみに注目するのではなく」、「その『証言』『記録』に至る文脈を考慮しなければならない」と指摘している。(58) 組織としてのわだつみ会を分析しその認識を明らかにしていくことは、「戦争体験」が生み出されていく過程も明らかにすることにつながるのである。

第二は、資料と語りの生成に着目する点である。一九九〇年代は「慰安婦」問題などにより、証言や語りへの着目が高まった時代である。[59] しかし、ここには二つの問題点も内包されていた。ひとつは語りはあくまで資料から構成された歴史の隙間を補うものとして使われる傾向が強かったことである。資料の補完物として語りは使われたのである。

もうひとつは、語りが正確性において判断されたことである。一九九〇年代には証言に注目が集まり、歴史をみるときに重要なものとされていった。[60] しかしながら、それは資料と同じように、語りもその真偽が問われるようになったことを意味しているのである。それは語り手の語りの不正確性が批判されることにも繋がった。

そうした語りを分析するには、人びとがなぜそのように矛盾の認識をしていったのか分析をしていく必要があるだろう。オーラルヒストリー研究の Alessandro Portelli は、口述資料が重要なのはそれが事実どおりだからではなく、創造や象徴、願望の現れとして事実から距離をとっているからであり、オーラルヒストリーの多様性は事実としては「間違った」言明も心理的には「本当」であるところにあるという。[61]「間違った」言明をする人びとの認識のなかの創造や願望を語りから分析できるのである。Portelli（二〇一六）の訳者の朴が指摘するように、「何が起こったのか（what）」と「それはいかに語られるか（how）」は別個の問題ではないのである。[62] 本書では、Portelli の手法をインタビュー調査などにおいて採用していく。[63]

第三は、組織の実務や制度などに着目する点である。[64] 前述したように、わだつみ会の先行研究では、実務や制度が人びとの思想にいかなる影響を与えたのか、また思想によって実務や制度がどのように変容したのかがあまり着目されていないのである。清水（二〇一二）は戦友会を対象に、戦友会の先行研究が「負い目」の視点から分析していたのに対して、軍隊経験によって戦前から戦後に獲得した資源や能力の視点から集団や組織を分析した。このように、人びとの言動を思想から説明してしまうのではなく、実務や制度、能力に焦点を当てながら分析をする。

四　本書の方法と使用する資料

四－一　手法の特徴

研究方法は資料調査とインタビュー調査、フィールドワークから成る。

具体的にはわだつみ会・わだつみのこえ記念館関係者への計二〇名のインタビュー調査や、わだつみ会の活動への参加などのフィールドワークをおこなった。また、本書の執筆にあたり、インタビューデータはインフォーマントに文体等を修正してもらったものもある。インタビュー調査は半構造化インタビューを採用した。事前に予定を合わせて話を伺った場合には「インタビュー」と記し、フィールドワークのなかで聞いたことは「聞き取り」と記す。

四－二　使用する資料

資料調査ではおもに以下の資料を扱っていく。

(一)　機関紙『わだつみのこえ』

機関紙『わだつみのこえ』は第一次わだつみ会のときに刊行されていた新聞形式の資料である。一九五〇

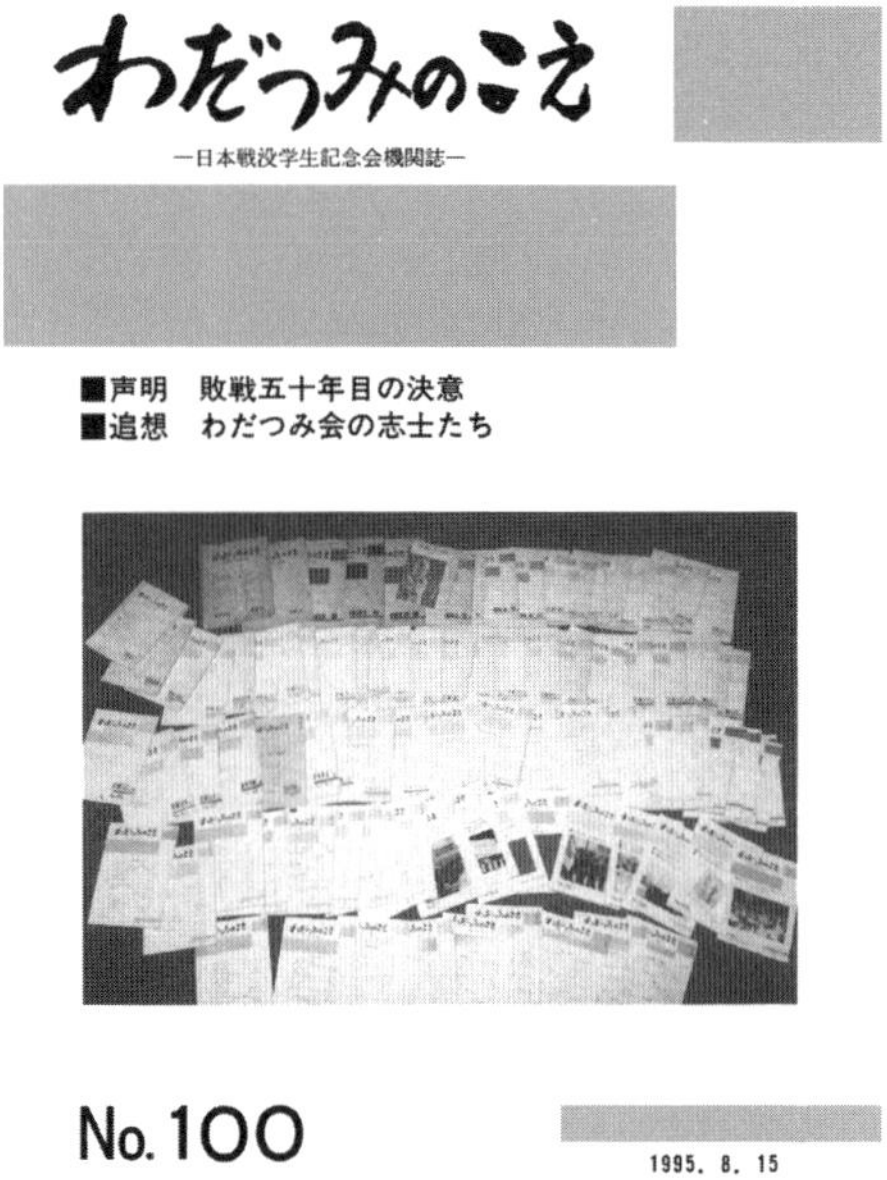

図1　わだつみのこえ 100号 書影

年に創刊され一九五八年に休刊した。時期により月刊や旬刊へと発行回数は変わっていた。機関紙『わだつみのこえ』は、大学生を中心とした学生により編集されていた。この資料の特徴は、社会情勢や各地域の学生の取り組みを扱っていたことである。とくに後者の情報は学生の読者にとって非常に重要であった。機関紙『わだつみのこえ』は各地域の学生をつなぐメディアでもあった。機関紙『わだつみのこえ』は一九九二年に八朔社から縮刷版が刊行されており、本書ではこの縮刷版で分析をすすめていく。ただ、この縮刷版にはすべては所収されていない。筆者は縮刷版に所収されなかったものをアーカイブ化しながら研究をすすめていった。先行研究では基本的に縮刷版に所収されたものだけ取り扱っているため、この点でも本書はオリジナリティがあると考える。

(二)　機関誌『わだつみのこえ』

機関誌『わだつみのこえ』は第二次わだつみ会で一九五九年に創刊され現在も続いている雑誌形式の資料である。編集は、時期によって異なるものの、「戦中派」を中心におこなわれていた。機関誌『わだつみのこえ』は、第二次が次世代への「戦争体験」の継承を目的のひとつとして掲げたこともあり、世代間で交わされた「戦争体験」に関する議論が多く掲載されている。また、本書でも取りあげるが、会の方向性についての議論も誌面にかなりの頻度で登場している。機関誌『わだつみのこえ』を分析することで、会における「戦争体験」の捉え方や、会員が会の方向性をどう認識していたのかを明らかにすることができる。

（三）『わだつみ通信』

『わだつみ通信』は会員間の交流の場として一九七九年に刊行された。正確にいえば、『わだつみ通信』という名称自体は一九六四年の一年間だけ刊行されていた冊子に最初に使われたものである。ただ、『わだつみ通信』と呼称する場合、基本的に一九七九年からのものを指すことが多いので、本書で『わだつみ通信』という際は一九七九年以降のものを対象としている。『わだつみ通信』が一九七九年に出来た理由には、会員の交流の場を作ろうとした意図があった。それは、第三次わだつみ会で会員ではない購読のみする読者が増加したことで、機関誌『わだつみのこえ』が会員の交流の場として機能しなくなったことが関係していた。そうした『わだつみ通信』も二〇一〇年代において、その役割を変えていくことになる。『わだつみ通信』を対象にすることで会の認識も明らかにすることができる。

五　本書の構成

以下では、本書の各章の概要を示す。

序章　問題意識と先行研究、研究目的

序章では、まず、本書の対象を説明し、前述してきた本書の課題と問題意識、研究意義を提示する。次に先行研究と本書の位置づけを説明していく。そして、研究方法を確認し、本書の限界性を示したうえで、各章の概観を述べる。

第一章　わだつみ会における「思想団体」の定義と変遷──「思想」の言葉に着目して

第一章では、第一次わだつみ会が「行動団体」であるとの認識から、「思想団体」という方向性で出発した第二次わだつみ会が、その方向性を批判されることでどのように「思想団体」の定義を変容、拡げていったのかを明らかにする。第二次は「思想団体」を掲げることで「行動」への禁欲をしてきた。しかし、「行動」しないことを批判されることで、社会状況に合わせて「思想団体」の定義を変容させながら情勢に対応しようとしたのである。

第二次以降のわだつみ会は第一次わだつみ会の衰退要因を「行動団体」であるとし、「行動」や「運動」をしない「思想団体」を会の方向性として掲げたが、政治問題などの現実の問題に会はどう対応するのかと問われたことで、「思想団体」であることは変えなかったものの、「思想団体」の意味合いを変容、拡張させていった。「思想団体」の定義を拡げていった第三次わだつみ会は「天皇問題」特集を組み多くの読者を獲得することになった。しかしながら、一九七〇年代は、「天皇問題」特集に注力したことで、機関誌が会員の相互交流の場としての機能を果たさなくなる。会は「思想団体」の意味を変容させ、学徒兵に関する事柄という点で「思想団体」として取り組める問題を拡張していっ

たものの、「天皇問題」特集から入ってきた読者に「学徒兵を記念する」という前提自体が共有されなくもなっていった。

第二章　わだつみ会における加害者性の主題化の過程――一九八八年の規約改正に着目して

第二章ではわだつみ会の組織の構造を明らかにするために、第三次わだつみ会の一九八八年の規約改正に着目する。一九八八年の規約改正において「戦争責任」という文言が規約に追加された。規約とは組織の内外にその理念を示すものである。それが改正されることはわだつみ会の組織構造の変容とともに、わだつみ会が外部に対してみずからをどう呈示していくかを見直すことでもある。さらに、「戦争責任」の文言の追加は、会や会員が「戦争体験」を語り、書いていくことにも影響を及ぼす。これらをふまえて、第二章は、わだつみ会の組織変容を通して、一九八八年の規約改正がどのような過程でなされていったのか、それにともなう会員の認識はどのようなものであったのかを考察する。

第三章　非戦争体験者による戦争体験者の戦争責任の追及――戦争責任を語るとはどういうことか

第三章では、一九八〇年代後半から九〇年代前半にわだつみ会に関わった人物として、『戦後世代の戦争責任』の著者である田口裕史の営みに着目する。この時期にわだつみ会に参与した人びとのなかでも、田口は一九六三年生まれと若く、当時の若い世代がわだつみ会にどう関わったのかをみるうえでも重要である。体験者に対しても積極的に発言をしており、田口の発言や文章に対して体験者からも応答がなされていた。田口はわだつみ会での議論をふまえて、『戦後世代の戦争責任』を記していた。このような田口の営みをみていくことで、当時のわだつみ会にいかなる言動があったのかも明らかにしていくことができる。

第四章　わだつみのこえ記念館の設立過程と現在――繋ぐ場所としての記念館

第四章では、二〇〇六年に開館したわだつみのこえ記念館の設立の過程と、現在の在り様を検討する。わだつみのこえ記念館は、第一次わだつみ会のときからその構想があった。ただ、資金の面などから当時は実現はされなかった。二〇〇六年に開館したわだつみのこえ記念館は、さまざまな人びとが来る場所として存在している。第四章では、わだつみのこえ記念館の設立過程をふまえながら、現在でのあり方を確認する。

終章　結論と今後の課題

終章では、第四章までをまとめて、結論を示す。本書から得られた知見をまとめたうえで、今後の課題と展望を提示していく。

第一章　わだつみ会における「思想団体」の定義と変遷
――「思想」の言葉に着目して

一　はじめに

兵士の生と死を考える際に、その生と死に対して私たちがどう向き合っているかは重要である。兵士の生と死への向き合い方は、私たちが戦争とどう向き合っているかを表すものでもある。ある集団や団体が兵士の死を「名誉の死」と捉えているか、それとも「犬死」と捉えているかでも戦争をどう認識しているかがわかる。

わだつみ会は学徒兵をいかに記念してきたのだろうか。わだつみ会を検討することは、同会が兵士とどう向き合ってきたのか、戦後に人びとがどのように兵士、戦争と向き合ってきたのかを明らかにすることである。本章ではわだつみ会における戦争への向き合い方をみていきたい。

わだつみ会に特徴的なことのひとつは、各時期において同会の方向性が示されていることである。それは「行動」「運動」をする「行動団体」、「運動団体」と、「行動」や「運動」をしない「思想団体」である。これは同会がどう戦争と向き合っていったのかも示すものである。わだつみ会がそれぞれの時期に方向性を変えていったことは、みずからがどう戦争と向き合っているかを再帰的に認識すると同時に、同会の外部にその姿勢を示すものでもある。わだつみ会の方向性を考察していくことで、同会が兵士とどう向き合い、また戦争と向き合っていったのかもみていくことができるだろう。

一　はじめに

わだつみ会の先行研究のなかで第一次わだつみ会にとくに着目したのが門脇（二〇一七）の研究である。門脇の研究の特徴は、第一次の高校生の運動を分析したところにある。これまでの研究が第一次の運動が日本共産党と関係のあった大学生に焦点があてられていたのに対して、第一次の運動の高校生という異なる側面を焦点化したのである。門脇の研究は党派的な運動との関わりのみが着目されていた第一次わだつみ会への認識を問い直すものとして重要であった。

わだつみ会の先行研究群は各時期を詳細に分析した点で優れているが、各時期の認識が相互に会に与えた影響、時期ごとの関連性への着目が十分ではない。とくに、第一次と第二次以降の関連性はあまり言及がなされていない。言及される場合でも、「運動団体」、「行動団体」の第一次の反省から「思想団体」の第二次が設立された紹介にとどまる。たしかに会の議論を眺めていけばこの認識自体は間違いではない。しかし、なぜ同会でそうした認識が生み出されたのかにも着目する必要がある。なぜなら、その認識が会の方向性を規定し、そのように規定された方向性が認識にも影響を与えていったからである。

本章ではわだつみ会を対象に、わだつみ会員の認識に着目するとともに、そうした認識が会員の思考や活動にどう影響を与えていくのかについて、また、思考や活動による会員の認識への影響についても考察する。

本章の目的は、第一次わだつみ会が「行動団体」であるとの認識を批判して「思想団体」という方向性で出発した第二次が、その方向性を批判されることで、どのように「思想団体」の定義を変容、拡げていったのかを明らかにすることである。

結論を先取りすれば、第二次わだつみ会は第一次の衰退要因を「行動団体」であったことであるとし、「行動」や「運動」をしない「思想団体」を同会の方向性として掲げた。しかし、政治問題などの現実の問題にどう対応するのかと問われたことで、「思想団体」であることは変えなかったものの、「思想団体」の意味合いを変容、拡張させていった。そして、第三次わだつみ会は「天皇問題」特集を組み、多くの読者を獲得することになった。しかしながら、一九七〇年代は、「天皇問題」特集に注力したことで、機関誌が会員の相互交流の場としての機能を果たさなくなる。わだつみ会は「思想団体」の意味を変容させ、学徒兵に関する事柄という点で「思想団体」の枠内で取り組む問題を拡張したものの、「天皇問題」特集から入ってきた読者に「学徒兵を記念する」という前提自体が共有されなくなっていった。

以下、第二節では第一次わだつみ会の成り立ちとその解散要因を分析し、第三節で第二次わだつみ会の「思想団体」の方向性の定義と変容を検討し、第四節で第三次わだつみ会の「天皇問題」特集による「思想団体」の意味の拡張について考察する。

二　第一次わだつみ会の成立と解散

二―一　『きけわだつみのこえ』の刊行から第一次わだつみ会の発足

まず、『きけわだつみのこえ』が刊行された経緯をみていきたい。東京大学協同組合出版部において「学徒兵の行方」が話題になり、そこから学徒兵の遺稿を集める企画が生まれた。そして、一九四七年一一月に『はるかなる山河に――東大戦没学生の手記』が発行された(1)。この戦没学徒の手記は、戦時中に帝国大学新聞社の編集部が戦死した学徒の遺族から送られてきた遺品となる手紙などを『大学新聞』で特集していたものであった。戦後に東京大学の学生自治会が、「資金づくり」の目的もかねて戦没学徒の手記の編集委員会を設置し、東京大学協同組合出版部を発行元にして手記を出版した。[2]『はるかなる山河に』は七万部を超える売り上げであった。[3]『はるかなる山河に』に対して「なぜ東大（の学生の手記）だけ出すのか」という声があり、一九四八年三月に東京大学協同組合出版部のなかに日本戦没学生手記編集委員会が設置された。[4]新聞・ラジオを通じて、全国の大学・高校・専門学校出身の戦没学生の遺稿が募集されることになった。[5]こうした募集によって編集されたものが『きけわだつみのこえ』であった。そして、一九四九年に『きけわだつみのこえ』は出版され、多くの支持を得ることになった。『きけわだつみのこえ』は一九五〇年のベストセラーとなるほどの売れ行きを示した。[6]『きけわだつみのこえ』は意に沿わない形で戦争に動員されたあらゆる人びとの思いを代表するものとして受容されたのである。[7]

そして、一九五〇年に「日本戦歿学生記念会」が結成されることになるのである。[8]わだつみ会の結成には、戦没学徒の遺族や学生を戦場に送ってしまったことを悔やむ教員たちが関わっていたことにくわえて、『きけわだつみのこえ』に所収された遺稿の遺族の想いに応えようとした面もあった。遺稿集の遺族全員が『きけわだつみのこえ』の原稿料の一部やすべてを寄付してくれていたのである。[9]こうした遺族の厚意もあり、「わだつみ」の精神を伝えていくためにもわだつみ会は結成されたのである。

第一次わだつみ会が記念事業団体として一九五〇年に発足した。一九五〇年三月に日本戦歿学生記念事業会より出された記念会の結成を呼びかけた趣意書では、「抽象的な戦争反対論をくりかえすだけでなく、具体的な事業をとおして、平和への意志をその一つ一つにまとめてゆきたいということをこの運動の趣旨としたい」とあり、朝鮮戦争の危機が迫るなかで団体を結成して具体的な事業をしていこうとしたことがわかる。[10]四月二二日に同会は戦没学徒の遺族で哲学者の柳田謙十郎を理事長に据え、東京大学消費生活協同組合

（以下、東大生協）内に事務所を置くことで正式に発足した。

第一次わだつみ会は、当初財団法人をめざした記念事業団体として始まった。財団法人化は実現しなかったが、理事長には柳田、理事には中村克郎（一九二五年生）、小田切秀雄（一九一六年生）、遠山茂樹（一九一四年生）などが名を連ねた。当初は記念事業団体として出発したが、当時の社会情勢から運動の方向へと舵が切られていった。(11)

一九五〇年一〇月一〇日に創刊された機関紙『わだつみのこえ』は、大学生と高校生の支持を得ることでわだつみ会を全国規模の組織へと発展させていった。機関紙が普及した要因は朝鮮戦争の勃発による平和運動の高まりと、映画『日本戦歿学生の手記　きけ、わだつみの声』（以下、『きけ、わだつみの声』）のヒットであった。東横映画で関川英雄を監督にして映画『きけ、わだつみの声』は反戦映画として製作され、一九五〇年六月に上映された。この映画を企画し、のちに東映を設立する岡田茂（一九二四年生）が、当たるかどうかわからないと映画製作に反対を受けながらも製作に情熱を傾けたのには、強烈な「戦争体験」があり、こういう話を後世に残さなければ戦死した学友たちが浮かばれないとの思いがあった。(12)そして、同年の六月二五日に勃発した朝鮮戦争により、「再び日本が戦争に巻き込まれるのではないか」との不安から、反戦映画である『きけ、わだつみの声』は人気を博していった。(13)遺稿集の『きけわだつみのこえ』は六月以降売り上げが頭打ちになっており、そのタイミングで映画が上映されたことは第一次わだつみ会にとって非常に重要であった。(14)これは、反戦へのエネルギーの場が遺稿集『きけわだつみのこえ』から、わだつみ会や機関紙『わだつみのこえ』へ移っていったことも意味していた。「わだつみの悲劇を繰り返すな」というスローガンとともにわだつみは学生に広まっていった。

第一次わだつみ会は、機関紙『わだつみのこえ』もあり、党派性を帯びた「運動団体」、「行動団体」とだけでは形容できない多様な場を生みだしていた。不安を抱える若者に受け入れられていた、身の回りの問題を語り合う「話し合い」運動は、わだつみ会でも進められた。[15] わだつみ会は学校単位でのサークル活動であるわだつみ会支部や、機関紙、全国大会を通して、全国の高校生を中心にその活動を通して連帯感を得る場を提供したのである。[16] 当時、松江高校の学生であった人物は、学校内外での活動を原稿にしてわだつみ会に送ると機関紙『わだつみのこえ』に掲載され、また全国の他校の様子も載っていたので、校内の新聞より面白く感じ、せっせと書き送ったと述べている。[17] そして、わだつみ会のメンバーたちと「うたごえ運動」の高校版の「歌う会」もはじめたとも述懐している。[18] 第一次わだつみ会は単純に大学生が理論に基づき党派的な運動をする場とだけでは形容できない側面も持っていた。

二―二　第一次の解散とその要因

第一次わだつみ会はさまざまな側面を持っていたが、一九五八年に解散することになる。おもな解散要因として五つあげることができる。

第一は、日本も巻き込まれるのではないかという戦争への危機感が遠のいたことである。東アジアにおける戦争拡大の回避は戦争の危機感を減退させることになり、これにより再軍備＝徴兵の危機感が減っていった。[19] 実際に、世論調査においても一九五〇年代中葉は人びとの戦争不安が薄らぎ、「世界戦争の危険性」を「なし」とする人が「あり」とする人を上回った時期である。[20] 一九五〇年代後半は人びとの戦争に対する不安が薄らいだ時期であり、それによりわだつみ会への人びとの反応も違うものになってきたのである。[21]

第二は平和運動の中心が原水爆禁止運動（以下、原水禁運動）に移っていったことである。一九五四年に第五福竜丸がビキニ環礁で放射性降下物を浴びた事件が報道されたことで、原水禁署名運動が全国的にすめられるようになった。当時の人びとにとって原水禁運動は現代的・未来的な運動であって世界的な運動であった。[22] こうした情勢のなかで、わだつみ会においても「原子爆弾」に反対する平和の行動のなかで機関紙『わだつみのこえ』の役割を見出そうという討論がなされた。[23] 一九五六年にはわだつみ会は反戦学生同盟、民主青年同盟（以下、民青）とともに、憲法改悪反対・小選挙区制法案反対・教育三法反対・南太平洋水爆実験阻止の声明を出し共同闘争を掲げた。[24] しかし、他団体と協力体制をとったことでわだつみ会の独自性は何なのかと会員から問われるようになった。[25] わだつみ会は戦争反対や徴兵反対が以前ほどの求心力を得なくなったなかで、さまざまな問題に対応しようとし、また他団体と協力もしていった。しかし、それは会の独自性を問われることにもつながった。

第三はわだつみ会内外の党派的な運動が対立したことである。会は反戦学生同盟のメンバーを吸収しながら活動を強化し、のちに世界民青連加盟により民青との連携が強調された。[26] しかし、一九五五年の日本共産党の第六回全国協議会（六全協）において、日本共産党は武装闘争をやめ、指導方針も変化したことで反戦学生同盟が急進化し、反戦学生同盟と民青の分裂が深まり、わだつみ会の内部にその対立が影響した。[27] 党派的な対立は解散要因のひとつではあったものの、しかしそれは解散要因のひとつにすぎなかった。

第四は「戦争体験」を持たない世代の増加である。ここでの「戦争体験」は「銃後体験」を含めたものである。[28] 一九五八年の「わだつみ会活動八年間の総括」において、わだつみ会の歴史的制約として同会の構成が戦争の直接的体験を持つ世代から直接的体験を持たない世代に変わったことをあげ、世代の意識が大きく

変わったとしている。(29)

第五は財政的な問題である。「わだつみのこえ休刊にあたって」では、会は「財政的にかなり苦しい状態」で続けられていたと書かれている。(30) 遺族の中村克郎も、「紙屋さん、印刷所さん、製本屋さんに支払いができなくては、満身創痍、瀕死の獅子とならなくてはならない」と述べ、第一次の解散の大きな原因は「経済的窮乏」であるとしている。(31) ここまで財政的に厳しくなった原因としては、事務局の閉鎖にともなう事務所賃料の発生があげられるだろう。わだつみ会は東大生協の一角を間借りする形式で東大構内のグランド地下の部屋を使用していたが、東大当局によって強制閉鎖がなされた。(32) これにより独自で事務所を借りる必要性が生じ、事務所代が重くのしかかり、資金難となっていったのである。もちろん、党派的な対立や会の求心力の低下による機関紙の売り上げの低迷も、財政難に関係はしていただろう。しかし、会がまだ平和運動においてより強い存在感を示していた時期でさえ、運営が困難であり、機関紙を余分に買うことを読者にも促していた。(33) このように、もともと財政的に厳しいなかで東大生協の一角を間借りしていた事務局が閉鎖した結果、ほかの事務所を借りるための賃料が発生し、同会の大きな解散要因となった。

さまざまな解散要因があったにもかかわらず、第二次以降において、なぜ党派的なイデオロギーによる対立や政治的な「運動」への傾斜が解散要因としてあげられることが多いのだろうか。それは第一次わだつみ会が第二次以降において「行動団体」、「運動団体」として規定されていたことが関係している。この「行動団体」と「運動団体」は基本的に同義で使われており、そこには政治的なイデオロギーを持って「行動」「運動」する団体という意味が含まれていた。(34)

そして、この認識には第二次わだつみ会が自らを「思想団体」と方向づけたことも影響を与えている。

三　第二次わだつみ会と「思想団体」という方向性

三－一　第二次わだつみ会の発足とその方向性

第二次わだつみ会は、「戦中派」を中心に一九五九年六月に発足した。第二次に関わった「戦中派」では、鈴木均（一九二二年生）、鶴見俊輔（一九二二年生）、橋川文三（一九二二年生）、平井啓之（一九二一年生）、安田武（一九二二年生）、山下肇（一九二〇年生）、山田宗睦（一九二五年生）などがいる。第二次に関わった経緯として、安田武は、小田切秀雄から電話がかかってきて、「わだつみ会というのは、そもそも戦没学生を慰霊する会なのだから、政治的なセクトの争いで分裂したり解散するといった性質のものじゃない。今度は君たち、わだつみの世代自身が中心になってやったらどうか」という話があり、安田は喜んで「そうします」と返事をして参加したという。(35) 第二次は第一次のような政治的なものではなく学徒兵を慰霊するという認識から始まっていた。

第二次わだつみ会の方向性は、第二次の趣意書や規約に書かれている。趣意書や規約は同会の方向性を示すと同時に、その後の同会の方向性を縛るものにもなる。趣意書では第一次との違いが、次のように強調されている。

趣意書

会は、これまでの会の歩みの反省に立って、学生平和団体の全国組織というかたちをとらず、各世代がここで精神的連帯性を強めあい、おしひろめることを主眼とし、個人加盟の会員組織として発足したのである。今日、この遺産を正しく継承し、記念事業をまもり育て、その意味するものを今日及び未来の平和の武器として常によみがえらせることは、われわれ生き残ったもの、その後に生れたものの忘るべからざる責任であり義務であって、その仕事の推進力となることこそ、この戦没学生記念会の願いである。

規約　第二条
本会はわだつみの悲劇を繰り返さないために戦没学生を記念し、戦争を体験した世代と戦争体験を持たない世代の協力、交流をとおして平和に寄与することを目的とする。

第二次わだつみ会は第一次とは異なり、個人加盟の会員組織となっている。同会の「記念事業をまもり育て」からわかるように、ここでは同会が「行動団体」、「運動団体」になることへの抑制がある。実際に、第二次設立の際には、政党の干渉を受けた戦後の民主化運動、平和運動やそうした運動にわだつみ会が参加したことへの反省が働いていた[36]。また、規約では戦没学徒を記念することが明記された。同会は「行動」ではなく「学徒兵を記念する」ことをその支柱においた。

第二次わだつみ会の機関誌『わだつみのこえ』の創刊号に掲載された、「戦中派」の山下肇の「会の運動の基本方針について――さまざまな質問にこたえて――」は同会の方針を確認するうえで重要であろう。山下は「会は時々刻々当面するさまざまな政治的課題に、そのたびごとにエネルギーをふりむけることは極力避けようとする。会はまず自らの使命を明確に自覚して、自己の力を着実に蓄積し、性急なスタンドプレイはやらない。会は行動団体ではないのである」と、第二次が「行動団体」ではないことを強調している[37]。第二次の出発に関わった戦中派会員は、第二次を「行動」しない「思想団体」の方向性へ向かわせていくことになる。

第二次わだつみ会は、第一次で問題であった財政難を解決しようとした。一九四九年に刊行した『きけわだつみのこえ』はベストセラーとなったものの、第一次は刊行元の東京大学出版会（以下、東大出版会）とは無関係な活動を続けたため、遺族に送られるべき印税も遺族の住所不明のまま未払いで放置されていた。そして、東大出版会はそのアカデミックな性格から『きけわだつみのこえ』の出版を取り扱いかねていた。(38)そこでまず東大出版会の諒解を取り、(39)読みやすい形で解説をつけて一九五九年に光文社のカッパ・ブックスとして刊行したのである。(40)当時光文社はカッパ・ブックスシリーズでベストセラーを次々と生み出していた。(41)カッパ・ブックスが宣伝をしたことでわだつみ会はふたたび復活し、その活動も軌道に乗ることになった。(42)第一次時代の借金は、立命館大学にわだつみ像を設置することに尽力をした末川博の援助と、この光文社版の印税により完済した。(43)また、消息がわかった遺族に印税を届けることができるようになったが、その印税を遺族の多くは同会に寄付をしてくれていた。(44)同会の財政は潤沢なものではなかったが、このように同会の財政的基盤を確保したことで機関誌を安定して発行できるようになり、議論の場を恒常的に提供することとなる。

三-二　一九六〇年頃における「思想」の意味

わだつみ会における「思想団体」の意味合いを考えるためには、同会で「思想」という言葉がどのような意味を持ったのかを検討する必要がある。(45)そのために、まず当時において、「思想」という言葉がどう理解されていたのかを確認する。この点については、鹿野政直がまとめているので、鹿野の議論を参照しながら

概観していく。(46)

戦時下から敗戦直後における「思想」は、思想家と目される人が創りだす〝高度な〟精神的産物であった。「思想」は「生活」や「日常」とは別次元の意識空間としてあったのである。敗戦直後に「生活」から「思想」を捉えようとする動きもあったものの、「思想」の創出を思想家の専業とする通念はほぼ揺るがなかった。「思想」の本丸に「生活」が入ってきたと人びとに感じさせたきっかけは、一九五九年の『近代日本思想史講座』（筑摩書房）の刊行であった。編者の丸山真男はこの講座について、たんに「思想家」や「学者の思想・学説」だけではなく、「ムードの次元」にとどまるような「時代の潮流」や「民衆感覚」を広く包含し、同時に「抽象性」と「体系性」、「方向性」や「エネルギー」において、「諸観念が相互にどのような意味関連」を持ち、「全体の歴史過程のなかでどのような機能を果たしたのか」を関心の対象とすると述べた。(47)「思想」という言葉は、一九六〇年頃において人びとの心情や生活を含めて使われるようになり、心情や生活と抽象的な諸観念の繋がりを示していくものとなった。

こうした時代状況にあって、わだつみ会は「体験」を「思想」にすることを掲げ、それをめざしていった。

三―三　第二次わだつみ会における「思想」

第二次わだつみ会は「思想団体」として出発した。(48)同会の発足時から「体験」を「思想」にすることがテーマとされ、「思想」が同会の根幹の言葉として共有されていった。

以下、わだつみ会における「思想」の言葉の使われ方について概観していく。わだつみ会での「思想」の言葉の使われ方は、大別すると四つにわけることができる。

第一はだれもが共有可能なものという意味である。「体験」はある人が持つ個人的なものである。その「体験」を「思想」にすることで、「戦争体験」はだれにでも共有されるものになる。これには「戦争体験」を持たない世代が増加したことで、「戦争体験」を継承していこうという意識が関連しているだろう。

第二は普遍的なものである。これは第一の意味と重なるところもあるが、「体験」のような私的・個人的なものではなく、普遍的・客観的なものにするための「思想」という言葉が使われた。これは、「戦中派」の「戦争体験」の語りが同窓会的でナルシシズムであるとの批判に対応しようとしたものであった。

第三は学徒兵を記念することである。これは「日本戦歿学生記念会」という字義通りであり、また規約にも書かれているように、学徒兵を記念し、平和に寄与するという意味合いの「思想」である。

第四は「行動」の対となるものである。政治的課題にコミットする「行動団体」の対という意味である。ここは先述したように、第一次が党派的な「運動」で瓦解したという認識も関係していた。「行動団体」の対としての「思想」である。この第四の「思想」の意味は、わだつみ会の「思想団体」としての方向性を考えるうえで重要であった。

以後、第三の「学徒兵を記念する」ことと、第四の「行動」の対となる「思想」が絡みながらわだつみ会の方向性に影響を与えていくことになる。

三－四　会の方向性と現実の問題

一九五九年に再発足した第二次わだつみ会は「行動団体」ではなく「思想団体」の方向性をとっていたが、この時期は安保闘争が盛り上がった時期であり、会もその問題にどう対応するかを問われた。

わだつみ会も安保闘争に対応しようとする意識はあったものの、それは同会の「思想団体」としての方向性を揺るがすものであり、同会ではその指針を根拠に「運動」に参加することが否定されていた。第二次の発足に関わった「戦前派」の杉捷夫（一九〇四年生）は、安保改定阻止国民会議に同会は参加すべきでないとし、その理由として同会は「個人加盟制」の会であることをあげ、さらに国民会議に参加をすることより、「戦没学生の声」にもう一度耳を傾け、「反戦の信念に徹する人を一人でも多く獲得すること」が会として大切であると説いている。(49)

しかし、このような安保闘争への姿勢は若い世代である「戦後派」から批判を受けることになり、わだつみ会もみずからの「行動」しない「思想団体」としての方向性を再考せざるをえなくなった。(50)「戦中派」の山田宗睦は、「思想団体」か「行動団体」かという問題ではないと留保しながらも、「安保闘争のさなか」でわだつみ会が「思想団体」だという規定と「わだつみ会として安保にたいして行動すべきだ」という「若い世代の要求」とが微妙に「違和」していたといい、この「違和」はわだつみ会が「そのあり方をかえねばならないことをしめすきざし」であったと述べている。(51)

わだつみ会は安保闘争によってみずからの会の方向性を再考する必要が生じたのである。そのなかで、同会は「思想団体」としてどう現実の問題に対応できるかを模索していく。

三－五　「思想団体」と「行動」の折衝

「行動」が求められるようになるなかで、わだつみ会は、憲法を基軸に据えることで「思想団体」である同会の対応範囲を広げようとしていく。これはベトナム戦争や憲法改正の問題などさまざまな現実の問題が生じてくる時代にあって、同会がそれにどう向き合うのかが問われたことも関係している。「戦後派」の古山洋三は「一つの提案」という文章において、「思想団体」か「行動団体」かという問題の立て方をやめるべきだとしながらも、「憲法改正問題にとどまらず、『大東亜戦争肯定論』にまでいたるさまざまな思想攻勢に対決するために、会が思想的団体として立っていくためにもその規準となるのは平和憲法なのである」と述べ、同会の規約の「……平和に寄与することを目的とする」という文章に「そのために平和憲法を守る」の一句を付け加えることを提案する。(52) この古山の提案は、規約に「平和憲法」を加えることで実質的にわだつみ会が「行動」に対応できるようにすることであり、わだつみ会の性格を変えることなく同会が政治的な現実問題に対応することを可能にしようとするものであった。

これを受けて、一九六五年四月の日本戦没学生記念会第四回総会でわだつみ会の方向性が議論されることになる。(53) 当時、ベトナム戦争への反戦意識からさまざま市民団体が反戦へと結集していた。日本戦没学生記念会第四回総会はこうした動向もふまえてのものでもあった。これらの市民団体と一緒に同会もベトナム反戦に加わり、「思想団体」として「行動」をすることになった。市民たちが集った「声なき声の会」に、鶴見俊輔や高橋武智などのわだつみ会の中心メンバーも参加していたことも関係していた。社会的情勢や同会の中枢の会員がいたことが参加につながったのである。こうした団体が結集してできたのが「ベトナムに平和を！市民・文化団体連合」であり、のちの「ベトナムに平和を！市民連合」（べ平連）であった。(54)

ただ、この反戦への「行動」は、協同する市民団体が「政党支配を受けていない文化団体、市民団体」であるという前提があった。(55) こうした同会の判断からも、第一次わだつみ会が党派的な「行動」や「運動」により瓦解したとの認識が影響を与えたことがわかる。そして重要なことは、同会で「行動」の決定がなされても、会員すべてがその決定に拘束されないことが、同会が「行動団体」ではないことの意味であったことである。[56] これらの総会での議論を経て、同日付に声明「ヴェトナム戦争とわれわれの態度」を発表したのである。

第四回総会では規約の第二条に「平和憲法を守る」ことを付け加え、趣意書もそれに合わせて変更する改正案が提示された。山下は「この機会に現在の状態に対処していく姿勢を明らかにすべきだ」とし、「今の趣意書は発足当時のもの」で「今ではずれている」ので、「平和憲法を護るという具体的内容」を趣意書に書いて全般的に改定すべきだとしている。[57]「戦中派」の平井啓之もこの改正案に「思想が行動になるべきだということ」で賛成しており、「思想団体として戦中派」も協力すべきと主張している。[58]

平井は、「思想団体」として「行動」できるものとして、この改正案に賛同したのである。古山の一九六四年の「一つの提案」では「思想団体」か「行動団体」かという問題の立て方はやめるべきだと主張されていたが、改正案は会員に「思想団体」でありながら「行動」への対応を可能にする方法として受容された。改正案は総会においては満場一致承認され、文章全体の修正を理事会に一任したが改正には至らなかった。[59] しかし、この規約改正の提起によって、わだつみ会が「思想団体」の定義を変容させていくことで、社会情勢に対応していく下地が形成された。

三―六　学徒兵から現実の問題へ

一九六五年後半にわだつみ会は、「学徒兵を記念する」ことから現実の問題に参加できる会へとみずからを変容、拡張させていく。「思想団体」でありつつ「行動」できる方法を模索していったのである。それは一九六五年に『わだつみのこえ』が「日韓問題」を臨時増刊号として刊行したことに表れている。

この臨時増刊号のきっかけは、『わだつみのこえ』三〇号に掲載された「戦中派」の上原淳道（一九二一年生）の「（わだつみ）会は「日韓」の問題にとりくむべきであるという提案」であった。上原は「日韓問題」が政治問題を超えた「朝鮮および朝鮮人の問題」であるとし、政治問題を含みつつさらにそれを超えた「根源的な問題」を含んでいると述べる。[60] さらに上原は、わだつみ会は戦没学生を記念する会であるが、戦没学生には朝鮮人の戦没学生も含まれ、朝鮮および朝鮮人の問題に取り組む必要があるとして、同会は「日韓問題」に取り組む十分な理由があると主張するのである。[61]「日韓問題」は「会の成立・存在の基本的原理」との関わりにおいて取り組んでいくことを提唱する。[62] この上原の論考によって臨時増刊号で「日韓問題」が組まれることになったのである。

ここで重要なことは、わだつみ会の規約や趣意書を改正して同会がこうした問題に関われるようにするというより、会のもともとの原理や方向性において関わることができるとしていることである。[63]「日韓問題」臨時増刊号において、山田は日韓・ベトナム問題はたんに「政治問題」にすぎないものではなく「（わだつみ会の）立会の精神の問題」だと認識すべきであり、わだつみ会はむしろ日韓問題についての市民的・知的運動および組織の結成を呼びかけてもいいのではないかと主張している。[64] わだつみ会の理念を広く捉えることで「思想団体」として同会が「行動」できる範囲を拡げていこうとしたのである。

三－七　第二次わだつみ会の終焉と改組案

第二次わだつみ会は「思想団体」の意味を変容させることで社会情勢に対応しようとしたが、学生たちには「行動」としてはそれでも弱く感じられ、不満がつのるものであった。一九六八年には全共闘運動がおこり、そのなかで立命館大学のわだつみ像が破壊されたことなどにより、世代間の対立が深刻化していく。(65) わだつみ会は学生から同会が「行動」をしないことに対して批判されるようになっていく。

こうした学生の批判を受けて、わだつみ会は団体としての方向性を問う臨時総会を一九七〇年に開くことになる。ここで同会を二つの組織に分割する案が出された。(66)

Ａ　「戦争体験をもつ世代が、その思想化を通じて、もたない世代に体験を伝承する」活動を軸とし、不戦の運動を展開する。とくに、その運動過程において、いかなる政党政派にもかかわらない独自の領域を切り開く思想団体として行動する

Ｂ　「十五年戦争の体験」をこえて、「現実に発生している戦争の事実から出発し、新しい反戦の思想を生みだす」ことを基本的な理念とする。従来の非政治主義の殻を破り、単なる思想団体にとどまらずに、その思想を実際行動にも移してゆく「政治活動」をも含む組織として行動する

上の案をみてわかる通り、Ａは「思想団体」であり、Ｂは「行動団体」といえるだろう。

しかし、Ａの「思想団体」も、わだつみ会の当初の「思想団体」であるとの考えからすれば、「行動」へとかなりの重点を置いたものであった。ここには一九六五年頃からみられた、学徒兵の記念から拡張して問題へと参加していく思考が看取できる。

しかしこの「改組案」は否決された。会を批判していた学生はすでに同会からは去っており、それも否決に関係していた。(67) 分割案は否決され、わだつみ会はひとつの団体として存続することになる。(68)

しかし、存続はしたものの、わだつみ会はそのあり方が問われることになる。「戦後派」の田中仁彦（一九三〇年生）は、わだつみ会は「標榜するごとき思想団体」であるためにこのような「転換期の思想的課題」に取り組んで「自ら解体」して「新たな再生」をおこなうべきだったとし、「「戦没」「学生」「記念」会という言葉の一つ一つを、十年の歳月を経た今日の新しい状況の中で捉え直さないかぎり、会はどんどん退行してゆく他はないだろう」（傍点は筆者）と批判している。[69] 田中は「日本戦没学生記念会」という言葉に形容される「学徒兵を記念する」こと自体を、社会情勢のなかで再考する余地があると指摘するのである。第三次わだつみ会ではこの「思想団体」の意味を拡張することで機関誌に「天皇問題」の特集が組まれることになる。

四　第三次わだつみ会における「思想団体」の拡張

四－一　第三次わだつみ会と「天皇問題」

第三次わだつみ会は「戦中派」を中心に一九七〇年に始まった。[70] 第三次の初期は多くの学生が去り、「戦中派」が残される形となった。そのなかで「戦中派」はみずからがやらなければならない問題として天皇制と対峙することになる。

「天皇問題」を扱った理由は、「戦中派」の体験が天皇制の存在に関わっているという意識からであった。[71] また、「戦争体験の思想化」を考えると「天皇の問題」において他はないということも関係していた（日本戦没学生記念会 前掲：四三）。つまり、「天皇問題」を扱うことは「戦争体験の思想化」に関わっており、それは

「体験」を「思想」にするという「思想団体」に相反しないものであった。機関誌五二号から六三号で「天皇問題」特集が掲載されたが、一九七八年に刊行された『天皇制を問いつづける』の「あとがき」には、第三次わだつみ会が「天皇問題」に関わった理由が端的に述べられている。

（中略）全面的な自己否定を迫る若い世代の会員たちは多く去り、会には主として戦中世代のメンバーが残される結果となった。会則その他形式上の変更こそなかったが、会はここにいわば第三次わだつみ会として脱皮を迫られることになったのである。機関誌による天皇制問題との取組みは、いわばこの戦中派中心の第三次わだつみ会が、何をすべきか、また何ができるかについて、幾たびか反省を重ねた結果、えらび取られた命題であった。こういう結論に立ち至ったについては、戦中派の会員の一部にかなり早くからあった主張、つまりわだつみ会の使命の一つにもし戦争体験の思想化というような課題があるとすれば、それはどうしても天皇制批判、あるいは天皇の問題をさし措いては成り立たぬ、という主張が、この時期に至って、会のメンバーの共通の了解を得たのだ、と言い得るだろう。[72]

若い世代が大量に脱会したことでわだつみ会は第三次として新たに取り組んでいく必要があったのである。そして、「戦没学徒」と生き残りの「戦中派」はたとえ意見が異なったとしても「不戦を誓う」一点で結ばれていればよいとして、「天皇問題」を扱っていったのである。[73]「天皇問題」特集は「学徒兵を記念する」ことから離れたものではなく、「不戦を誓う」という点で学徒兵と関わっていた。

四－二　読者の変容

わだつみ会は「天皇問題」特集をおこなったことで多くの読者を獲得し、主婦や会社員など今までの同会にはいなかった人びとが入会することで多様な会員層で構成されるようになる。[74]同会は「顔見知りの関係」から「顔の知らない人との関係」になっていったのである。[75]

実際にわだつみ会の会員数は七〇年代にかけて増えていることがわかる。図2[76]の会員数の変遷をみると、六〇年代末には二〇〇人弱であった会員数が、八〇年代初頭では二五〇人を超えるまでになっている。[77]七〇年代は総会が二年に一回開催されない時期もあり、細かい変動はわからない点はあるが、八〇年代初頭の会員数をみれば七〇年代後半にかけて会員数が増加したことがわかる。[78]

「天皇問題」特集はさまざまな問題に取り組める土壌を形成した。「戦中派」の鈴木均は、「天皇問題」特集はまさしく戦争責任の追及の問題であるとして、戦争責任追及により日本の社会構造を問え、天皇制はすべての問題に連なっているため「日本社会の全体」を照射することができると述べる。[79]「戦後派」の高橋も名称こそ日本戦没学生記念会であるが、学徒兵だけを記念するのではなく「日本の戦争体験を総括的にあつかい得るような視点」を持つようになったと指摘している。[80]実際に一九七一年の五一号では「靖国神社問題」特集もおこなっていた。

「天皇問題」特集により会員にはならないが雑誌は購読したいという申込みが増えたので「誌友」という制度が作られた。[81]「天皇問題」特集に取り組んで以来、会員のための機関誌という性格を踏みこえた機能を『わだつみのこえ』は果たしていった。[82]機関誌がたんに会員のためだけの雑誌でなくなっていったのである。

五年ぶりに開催された一九七五年七月の総会において、「機関誌に、会員相互の横のつながりを果す役割

図２　わだつみ会 会員数

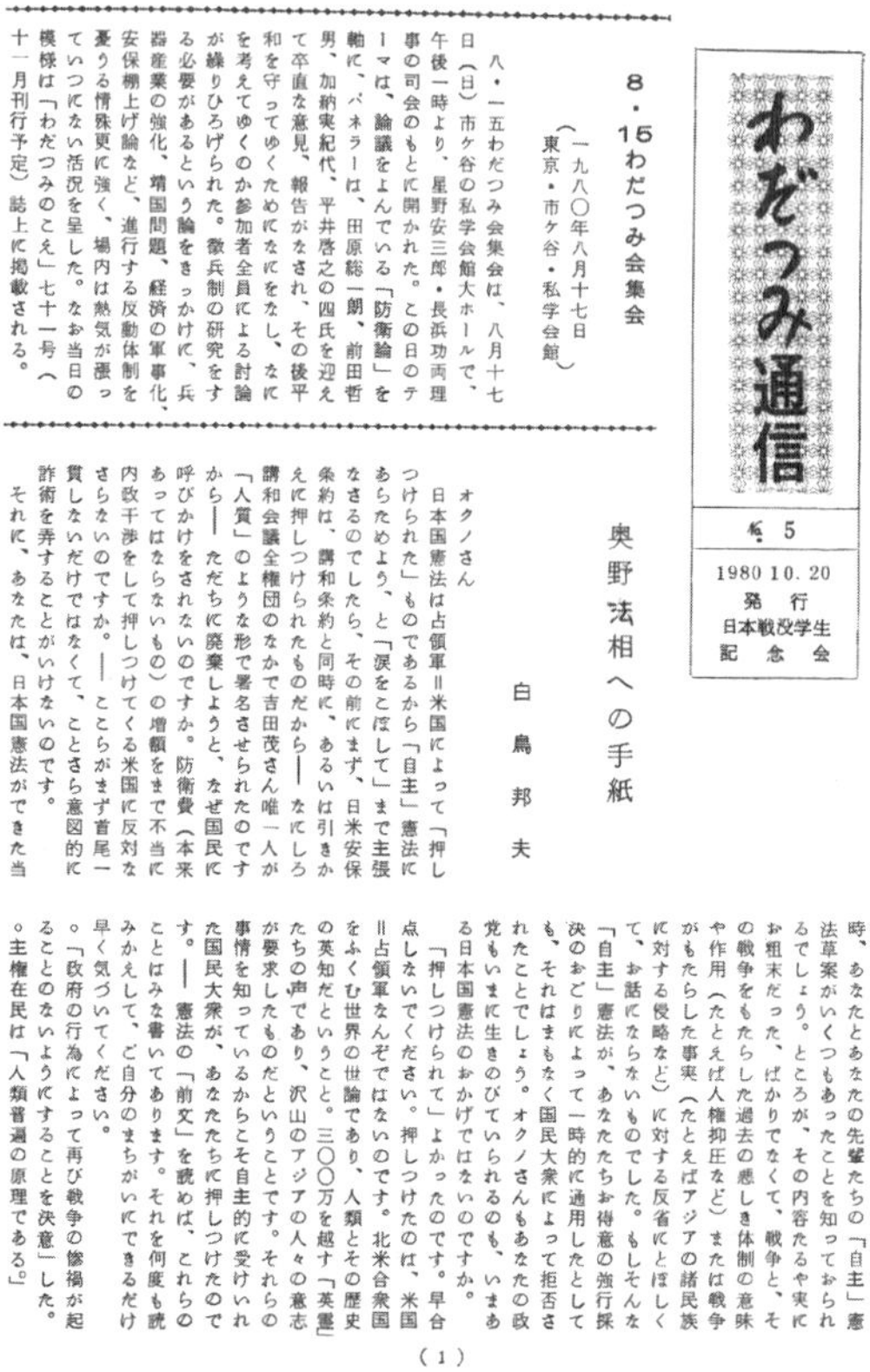
わだつみ通信

No. 5

1980 10. 20
発行
日本戦没学生記念会

8・15わだつみ会集会

（一九八〇年八月十七日 東京・市ケ谷・私学会館）

八・一五わだつみ会集会は、八月十七日（日）市ケ谷の私学会館大ホールで、午後一時より、星野安三郎・長浜功両理事の司会のもとに開かれた。この日のテーマは、論議をよんでいる「防衛論」を軸に、パネラーは、田原総一朗、前田哲男、加納実紀代、平井啓之の四氏を迎えて卒直な意見、報告がなされ、その後平和を守ってゆくためになにをなし、なにを考えてゆくのか参加者全員による討論が繰りひろげられた。徴兵制の研究をする必要があるという論をきっかけに、兵器産業の強化、靖国問題、経済の軍事化、安保棚上げ論など、進行する反動体制を憂うる情殊更に強く、場内は熱気が漲っていつにない活況を呈した。なお当日の模様は「わだつみのこえ」七十一号（十一月刊行予定）誌上に掲載される。

奥野法相への手紙

白鳥邦夫

オクノさん

日本国憲法は占領軍＝米国によって「押しつけられた」ものであるから「自主」憲法にあらためよう、と「涙をこぼして」まで主張なさるのでしたら、その前にまず、日米安保条約は、講和条約と同時に、あるいは引きかえに押しつけられたものだから――なにしろ講和会議全権団のなかで吉田茂さん唯一人が「人質」のような形で署名させられたのですから――ただちに廃棄しようと、なぜ国民に呼びかけをされないのですか。防衛費（本来あってはならないもの）の増額をまで不当に内政干渉をして押しつけてくる米国に反対なさらないのですか。――ここらがまず首尾一貫しないだけではなくて、ことさら意図的に詐術を弄することがいけないのです。

それに、あなたは、日本国憲法ができた当時、あなたとあなたの先輩たちの「自主」憲法草案がいくつもあったことを知っておられるでしょう。ところが、その内容たるや実にお粗末だった、ばかりでなくて、戦争と、その戦争をもたらした過去の悪しき体制の意味や作用（たとえば人権抑圧など）または戦争がもたらした事実（たとえばアジアの諸民族に対する侵略など）に対する反省にとぼしくて、お話にならないものでした。もしそんな「自主」憲法が、あなたたちお得意の強行採決のおどりによって一時的に通用したとしても、それはまもなく国民大衆によって拒否されたことでしょう。オクノさんもあなたの政党もいまに生きのびていられるのも、いまある日本国憲法のおかげではないのですか。

「押しつけられて」よかったのです。早合点しないでください。押しつけたのは、米国＝占領軍なんぞではないのです。北米合衆国をふくむ世界の世論であり、人類とその歴史の英知だということ。三〇〇万を越す「英霊」たちの声であり、沢山のアジアの人々の意志が要求したものだということです。それらの事情を知っているからこそ自主的に受けいれた国民大衆が、あなたたちに押しつけたのです。――憲法の「前文」を読めば、これらのことはみな書いてあります。それを何度も読みかえして、ご自分のまちがいにできるだけ早く気づいてください。

。「政府の行為によって再び戦争の惨禍が起ることのないようにすることを決意」した。

。主権在民は「人類普遍の原理である。」

（１）

図３　『わだつみ通信』五号

をもたせるべきでないか」という意見が出された。[83・84] こうした意見が出されたことは、第二次わだつみ会において会の方向性などを活発に議論する場であった機関誌『わだつみのこえ』が、そのような場ではなくなったことを意味していた。機関誌とは別に会員のための『わだつみ通信』（一九七九年六月一二日）が刊行された。[85・86] 機関誌には交流の場は残りながらも、会員の交流する場として『わだつみ通信』も登場してきたのである。

これはわだつみ会の「学徒兵を記念する」という「思想団体」としての方向性を共有していない読者もい

ることを意味していた。ある理事からも「天皇問題だけつづけていても機関誌としては「芸」がないではないか」という意見が編集に寄せられた。編集側は「戦没学生を記念する会である以上〝天皇〟と〝靖国〟問題については今後もさまざまな形でとりくんでいく」と返答している。[87]ここで編集側が「戦没学生を記念する会」であると明記する必要があったように、「学徒兵を記念する」ことが同会の理念であることにおぼろげながら読者が気づいてきたのである。同会は現実の問題に対応するために「思想団体」の定義を拡張していったが、それによってその方向性そのものが認識されなくなっていったのである。

五　おわりに

わだつみ会は戦争とどのように向き合っていったのだろうか。わだつみ会での戦争との向き合い方は、戦争に参加することや巻き込まれることの当事者であることをどう意識するかという当事者性であった。

この当事者性は、「思想」と「行動」に関わっている。第一次わだつみ会では、朝鮮戦争へ巻き込まれるかもしれないという不安から、多くの学生たちがわだつみ会に参加していた。当事者性をもとにして学生たちはその現状を変えるために「行動」をしていったのであった。しかし、そうした当事者性は戦争の危機が遠のくにつれて薄れていった。わだつみ会では、「行動」をおこなっていくのには、戦争に関わっているという当事者性を支える「思想」が必要だったのである。「思想」と「行動」は一見対立しているようにみえて、「思想」によって「行動」を可能にしその射程を拡げていた。

第二次は「戦争体験」が希薄化していることから「戦争体験」を継承していこうとした。「戦争体験」を持たない世代が増えていき、戦争へ関わっているという当事者性が薄れていた。そのために、第二次は「思想」によって当事者性を意識させようとしたのである。しかし、安保闘争など政治的な問題が生じるなかで、「行動」をしないことへの批判が出ることになった。「思想」は「行動」を支えその幅を広げるものであったが、情勢が変化し「行動」が求められたときに、その「行動」を支えるまでの基盤とならなかった。それゆえに、「思想」対「行動」という二項対立の構図が浮上することとなったのである。

そして、第二次わだつみ会では、「思想団体」の定義を拡張していくことで「思想」の幅を広げ、この二項対立の構図を乗り越えていこうとした。

第三次わだつみ会はさらにこの「思想」の幅を拡張していく試みであった。「思想」の意味合いを拡げていくことで、わだつみ会の裾野を広げることになった。さまざまな政治問題に取り組めるようになった一方で、戦争に巻き込まれるかもしれないという当事者性は薄れていった。こうした当事者意識の希薄化は、学徒兵との距離も生じることであった。

本章で確認をした方向性は現在のわだつみ会にも影響を与えている。現在の同会はより積極的に政治的な問題に関わるようになっている。本章で検討してきた同会の方向性は今日の同会の動向を形作るものであり、各時期の同会の認識がその方向性を反響し合ったのである。

第二章　わだつみ会における加害者性の主題化の過程
――一九八八年の規約改正に着目して

一　はじめに

戦争体験者が少なくなってきている現代において、「戦争体験」の継承がより重要となってきている。実際に、「戦争体験」を継承しようという動きは、各地でおこなわれている。富山県のある高校では、アジア・太平洋戦争下を過ごした体験者に、生徒たちが体験の聞き取りをしている。(1) こうした取り組みは珍しいものではなくなってきたが、そもそも「戦争体験」の継承とはいかにしてなされていくのだろうか。「戦争体験」の継承のひとつの方法として、戦争体験者が非戦争体験者に自身の体験を語るという方法がある。「戦争体験」を継承するためには、「戦争体験」を語ることが求められる。もうひとつは、戦争体験者が「戦争体験」を書いていくことである。「戦争体験」の継承において、「戦争体験」を記述し、語ることなしに、「戦争体験」を継承していくことは難しいと思われる。「戦争体験」を語ることや書くことは、継承の際には欠かすことはできないものであろう。

だが、「戦争体験」の記述や語りは、まったくの自由になされるわけではない。その記述や語りは、それをおこなう主体が属する社会や組織などに適した形にすることが求められる。その時代状況などにおいて、記述や語りは社会に受け入れられることもあれば、受け入れられないことも生じる。「戦争体験」は社会が受容できる形に合わせられていくのである。

「戦争体験」が語られ、書かれている組織にも着目していく必要がある。そこで本章では、わだつみ会を対象に世代間の諸相が「戦争体験」の記述や語りにどのような影響を与えていったのかも分析していく。

本章ではわだつみ会の組織の構造を明らかにするために、第三次わだつみ会の一九八八年の規約改正に着目する。一九八八年の規約改正において、「戦争責任」という文言が規約に追加された。規約とは組織の内外にその理念を示すものである。それが改正されることは、わだつみ会の組織構造の変容とともに、わだつみ会が外部に対してみずからをどう提示していくかを表すことでもある。さらに、「戦争責任」の文言の追加は、会や会員が「戦争体験」を語り、書いていくことにも影響を及ぼす。本章では、わだつみ会の組織変容を通して、一九八八年の規約改正がどのような過程でなされ加害者性を意識していったのか、それにともなう会員の認識はどのようなものであったのかを考察する。

「戦争体験」研究では、戦後日本という大きな枠組みにおいて、「戦争体験」の語りが考察されることが多かった。それは、語りから人びとの意識や心性を探ろうとするものであった。だが、語りとは、単純に人びとの思想を反映しているものではなく、語り手の所属する集団との関係において生成されるものでもある。戦争責任の文言が入れられたわだつみ会の規約改正に着目し、わだつみ会の「戦争体験」の語りの変容を明らかにすることで、語り手と集団の関係からも「戦争体験」の語りを分析することの重要性を提示でき、「戦争体験」研究にも寄与できる。

上記をふまえて、本章の研究目的は、一九八八年にわだつみ会が規約を改正し、規約に戦争責任の文言をいれたことに注目し、加害者性を主題化させていき規約改正するに至ったわだつみ会の組織の構造を明らかにすることである。これを考察することにより、当時のわだつみ会のいかなる構造や会員の認識によって、そうした事態が生じたのかを分析していく。

一　はじめに

結論を先取りすれば、一九八〇年代の戦争責任の追及の流れから、わだつみ会も戦争責任に対する姿勢を示す必要性が生じて、さまざまな運動に関わるために行動団体化していったこと、また、一九八〇年代のわだつみ会では運営が「戦後派」中心に変わり、さらに、議事録などをとるようになり、組織としての自覚がより強くなっていたことが、わだつみ会の規約改正につながっていった。

本章の構成は以下の通りである。第二節では七〇年代の第三次わだつみ会の特徴を確認し、第三節では八〇年代の時代状況からわだつみ会が規約改正にいたった過程を考察する。最後に結論となる。

二　第三次わだつみ会と一九七〇年代――「天皇問題」への着目

第一章で確認したような変化により、七〇年代の第三次わだつみ会は、学徒兵世代や学生を中心にした団体から、言論人や出版人、女性といった人びとの入会により一種の市民団体のようになっていった。(2) わだつみのこえ記念館の現理事長の渡辺總子は七〇年代におけるわだつみ会員の層の変容について次のように述べる。

> 昭和天皇の戦争責任をやったことで、普通の一般の人たち、どこにも所属していない人たち、戦争体験があり、昭和天皇に責任があると思ってる人たち、自分は学徒兵、インテリじゃないけどこういうところに入れば、自分の共鳴するもの、人たちがいるんだということで、会員がすごい増えたんですよ。（中略）本当にそれまでは先生と学生の会だった、遺族とね。(3)

天皇の戦争責任の追及は、わだつみ会を、一部の学徒兵世代や大学教師、学生、遺族の団体から、言論人や出版人、女性など、多種多様な人びとが交わる会へと変容させていった。(4) 多種多様な人びとの入会を促した一因には、一九七〇年代に入会の際の推薦人制度が廃止されたことも関係している。推薦人制度は類似の考えを共有している人びとを組織に入会させ同質性を強化させる。その推薦人制度が廃止されたことは、わだつみ会の同質性を和らげ、多様性を促進させる契機にもなった。わだつみ会は、「顔見知りの関係」から「顔の知らない人との関係」になっていったのである。(5)

三　一九八〇年代のわだつみ会

この節では、一九八〇年代のわだつみ会の組織構造の変容が規約改正にもたらした影響を考察していく。はじめに、一九八〇年代は教科書問題などにより日本の加害者性の意識の薄さが問われた時期であったことを確認し、次に若い世代も日本のアジアへの加害へ目を向けていった例として、ピースボートをとりあげる。そして、わだつみ会が戦争責任、みずからの加害者性を受容していく過程、一九八八年に規約に戦争責任の文言が加えられる過程をみていく。

三―一　一九八二年の教科書問題

一九八〇年代は日本の加害者性が強く問われた時期でもあった。吉田（一九九五）二〇〇五）は、一九五〇年代において、対外的には必要最小限度の戦争責任を認めることでアメリカの同盟者としての地位を獲得する一方で、国内においては戦争責任の問題を事実上否定、不問に付すダブル・スタンダードな問題の処理の仕方が成立したと述べる。(6) 一九八〇年代は教科書問題などによって、そのダブル・スタンダードが綻び始めたのである。(7) 国内でも戦争責任の問題がより一層問われていくことになった。

日本の国内においても、加害者性が問われるようになった契機として、一九八二年の教科書問題をあげることができる。一九八二年に大手新聞各紙が、教科書検定で文部省が「侵略」を「進出」ないし「進行」に書き換えさせたと報じた。(8) 一九八二年に書き換えがおこなわれたという報道は誤報ではあったものの、多くの新聞がこの報道に続いて記事を出していった。これらの報道を受けて、韓国や中国などのアジアの国々が抗議をする事態となる。日本による朝鮮半島の植民地支配を正当化する各閣僚の発言があり、日本の加害者認識が希薄であることが周知されていった。また、一九八一年度の検定で「日本史教科書」が「侵略」を「進出」に書き換えさせられたという報道は誤報ではあるが、「世界史教科書」では書き換えもおこなわれており、「侵略」の語を書き換えさせることはそれより以前から実際におこなわれていたことであった。(9) 一九八二年の教科書問題は、人々に日本の加害者性とアジアへの被害について考えさせる出来事であった。また、教科書問題についての議論が過熱していくなかで、東アジアへの加害責任も取り上げられるようになっていった。(10)

三―二　ピースボート

教科書問題を契機に、日本の加害者性に向き合った若い世代を中心とした取り組みとして、ピースボートがある。ピースボートは一九八三年に設立され、(11) 既存の市民運動の枠に収まらない若者たちの反戦運動団体であり、政治目的のために船を出す集団であった。(12)

ピースボートの設立経緯は教科書問題が起こったことにより、自分たちが習った歴史は本当なのかという問いから、実際に現地に行こうとして企画されたものである。教科書問題は人々が歴史を問い直すきっかけであった。ピースボートに参加した女子学生は「教科書検定問題が起きたとき、学校では不完全な歴史しか教えてくれなかったのだと知った。大人たちが隠そうとする史実を知りたい」と述べている。(13)ピースボートは、日本の加害者性と向き合う若者を中心とした運動であった。

一九八〇年代では日本の加害者性を抜きに戦争を語ることは難しい状況となっていった。このなかで一九八〇年代にわだつみ会がいかなる取り組みをし、戦争責任の文言を規約に入れていったのか、その過程を確認したい。

三―三　わだつみ会の加害者性

わだつみ会による若い世代への働きかけの代表的なものとして、一九八六年二月一一日のフォーラム「いま『わだつみ』を読みなおす」がある。この企画は、『きけわだつみのこえ』を「戦後平和運動の原典＝原点としてとらえ、若い世代に継承するために再読を通して老年、中年、青年の世代を越えた結合をはかりたい」という意図もあった。(14)第二次わだつみ会でやめていった一九四〇年代後半に出生した、全共闘世代以下の世代が空白になっているため、わだつみ会は若い世代を取りこもうともしたのである。(15)

しかし、「わだつみ」を広げようとしたこのフォーラムは、わだつみ会の加害者意識の薄さを露わにすることになった。フォーラムには若い世代としてピースボートのメンバーも呼ばれていた。ピースボートの学生は「わだつみ」の手記のなかには加害者意識がまったくないと言っていたという。(16)そこには、そうした手記に価値を見い出している「戦中派」やわだつみ会への批判の意味も含まれていた。また反核の市民運動に関わっている全共闘世代の男性は「加害者」でもある学徒兵の手記を読むこととといまの市民運動の問題がどう関連するのかと疑問を呈している。(17) わだつみ会は、会として加害者性とどう向き合うかが問われた。若い世代を増やすためには、加害者性に対する同会の態度を示す必要があった。

三-四　組織の体系化と会員の影響

わだつみ会が規約改正にいたったのには、わだつみ会が組織として体系化されていったことも関係していた。今までのわだつみ会はもちろん組織ではあったものの、会に対する外部の視点はそこまで養われていなかった。一九八〇年代にわだつみ会には組織として大きな変化があった。それは七〇年代におこなわれた「天皇問題」特集が関わっていた。第一章で確認したように、当初学徒兵の問題をあつかう団体であったわだつみ会は、「天皇問題」を論じることで、学徒兵以外の問題にも視点が広がった。そして、今までは学徒兵に関心がある人々が集まっていたが、「天皇問題」特集をしたことにより、学徒兵以外にも関心をもつ人々が増えていったのである。

会員層の変化だけでなく、役員の増員により以前より多くの「戦後派」が運営に関わるようになったことも関係していた。一九八〇年代初頭は、天皇問題特集でわだつみ会を世間に広めた事務局長・渡辺清の急逝により、事務局長不在のまま、組織の運営がおこなわれ、渡辺清の妻の總子が一人で事務局を担当することになり負担が増加していた。(18) こうした負担の軽減が考慮され、理事や常任理事といった役員の人数が大幅に増員されることになり、(19) 運営の業務を分担していこうとしたのである。(20)

常任理事が実務や雑務をおこなうようになったことも重要である。渡辺清が亡くなり、実務の問題が出た際に、常任理事も実務、雑務をおこなうようになったのである。(21) 実務の担当を決めていくことは、組織としてわだつみ会の役割が明確になっていくことであり、実務を以前より多くの人びとが担当することで、組織としてわだ

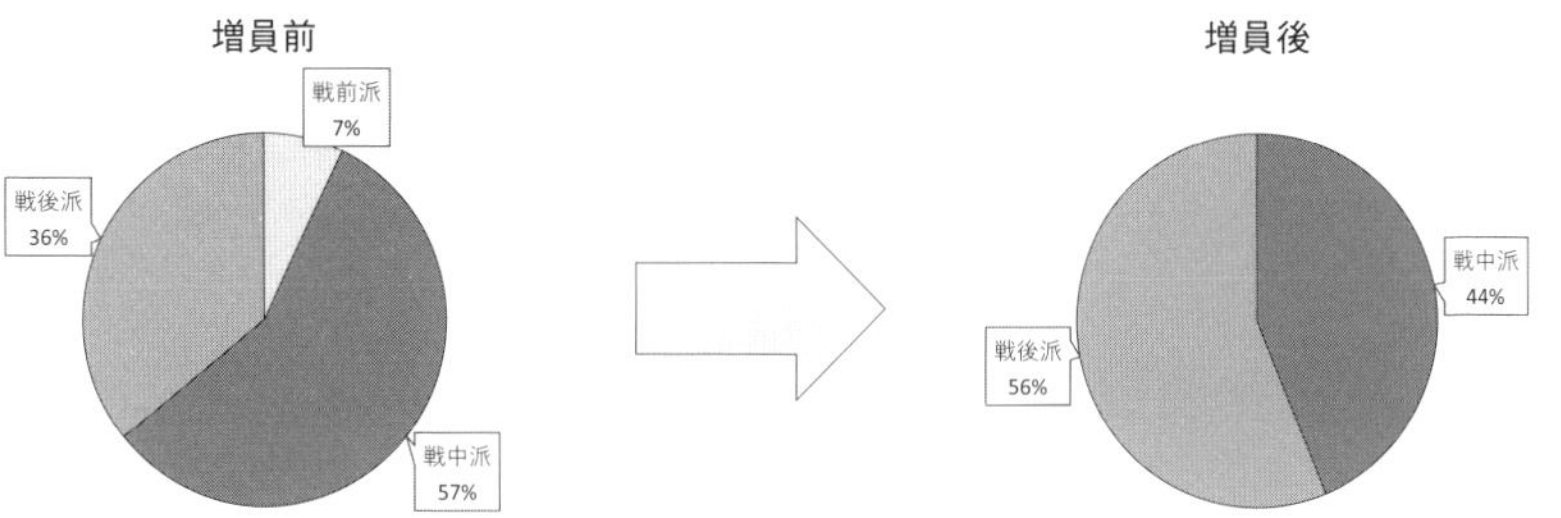

図4　各世代の常任理事率

つみ会を意識していくことを促すことでもあった。そうした実務を担当する常任理事を「戦後派」が多く担うようになったことは、「戦後派」がわだつみ会の運営の中心になっていくことでもあった。

図4[22]の各世代の常任理事率を確認すると、増員前の「戦後派」の常任理事率は三六％だったのに対して、増員後は二〇％近く上昇し半数を超え、「戦中派」よりも多数を占めるようになっている。従来のわだつみ会では「戦中派」の意向が会の運営に反映されることが多かったが、役員が増員され、常任理事が実務を担当するようになったことで、「戦後派」の影響力が増していった。

また、天皇問題特集で入ってきた会員はそれ以前の会員とは異なり、学徒兵を記念することを重視するよりはそこからさまざまな問題にアプローチにすることを望む人びとが多かった。そして、『わだつみのこえ』の編集が常任理事の輪番制になったことも一九七〇年代に入会した人びとがわだつみ会へと影響を与える一因となった。[23]それ以前は編集委員が決まっていたが、多くの人が関わってわだつみ会を運営する方針から『わだつみのこえ』の編集は常任理事が持ちまわりで担当するようになったのである。それは、一九七〇年代から入会した会員の意向が誌面に反映されやすくなることでもあった。たとえば、一九七〇年代に入会した常任理事で「戦後派」の日原章介は、教科書裁判にも積極的に関わっていた会員であり、高橋武智らとともに『戦争責任』を執筆した家永三郎にインタビューをし、それが八二号の『わだつみのこえ』に掲載もされている。

会議の変化も組織の体系化にとって重要であった。事務局長の不在に常任理事の増員で対応しようとしたが不具合も生じてきたため、会の構造を強固に確立する必要があった。一九七〇年代の理事会議事録は、事務局長が事務局ノートに記録し、それぞれも手元のノートに記入するにとどまっていたが、一九八〇年代半ばからは議事録を作成し理事全員に配布するようになった。[24]議事録がとられるようになった理由としては、以前の「戦中派」を中心としたわだつみ会とは違い、簡単に認識を共有することができなくなったことが関係していた。[25]「戦中派」が中心のときは決定事項に対して、「戦中派」のなかで共通認識があったので同じ解釈を共有できていた。しかし、一九八〇年代になり理事の数も増え、さまざまな人びとが入ってくることで、決定事項に対して人によって異なる解釈をするようになり、それによって問題が生じることもあった。こうしたことを解消するために、話された内容を記録することで、人びとの解釈の齟齬を解消しようとしたのである。議事録には三つの役割がある。一つ目は会議に参加していない人びとに口頭からだけではなく、会議が記録として共有されることである。二つ目は会議での発言が資料となり会の歴史として保存されることであり、それは会議の参加者に発言の責任性を自覚させることである。三つ目は参加者に会議が会の運営に関わるものであることをより強く自覚させると同時に、みずからがその運営をおこなっていく主体であることを認識させることである。議事録は参加者に責任性や主体性を認識させることで、集まりをより重要な会合へと変容させていった。そして、この議事録を作成していたのが、後で詳しく触れるが、大学職員で事務能力に長けていた梅靖三（一九二七年生）であった。[26]梅も一九七〇年代の天皇問題特集の時期に入会した会員であり、一九八〇年代に常任理事となり運営へと関わっていたのである。知識人や学生だけではない理事も増加したことで組織がより体系化されていったのである。

当時の事務局を支えていた渡辺總子は「組織として機能していなかった。いわば個人商店みたいだったのを、八八年に事務局長を選出して組織化をしていった」と述べている。(27)組織への自覚は、会が外部にどうみられているか、外部に対してどう自己提示していくのかという意識にもつながっていくのである。

三－五　「行動」への志向

規約改正にいたるには、わだつみ会が会としての自主性を示すために実質的に「行動団体」として活動をするようになったことも起因している。

そしてわだつみ会が行動へといたったのには、ほかの団体の活動に協賛をするようになったことも関係していた。わだつみ会は、基本的にほかの団体に、会として正式に協賛をすることはほとんどなかった。これは、わだつみ会の「思想団体」としての性質、「行動への禁欲」からなるものであった。ほかの団体と関わることで、第一次のように、ほかの団体の党派性に巻きこまれ、わだつみ会がふたたび瓦解していくのを避けようとしたのである。従来は、わだつみ会員がほかの団体に参加するのは許容されていたものの、わだつみ会は会としては基本的に静観するスタイルを保ってきた。それが一九八〇年代は会が運動などに正式に協賛をすることになったのである。一九八六年には「ぶっつぶせ中曽根六・一五行動」という名称の市民運動に、同会は協賛して参加をしている。会員個々人が他団体に参加するだけではなく、同会が公式に他団体と関わることは重要であった。他団体が取り扱っている問題も、会の内部で堂々と議論できるようになったことを意味する。

三－六　会員の思想と規約改正

この項では、わだつみ会の規約改正へといたるまでに会員の思想がどのような影響を与えたのかを確認したい。

「戦中派」の平井啓之の思想や活動はわだつみ会が規約改正へと進んでいくひとつの要因になっていた。平井自身は規約改正にはそこまで関わっていなかったものの、第二次わだつみ会の「戦中派」の中心メンバーであった平井が「行動」を始めたことは会員にとって重要であった。上述した一九八六年の「ぶっつぶせ中曽根六・一五行動」へのわだつみ会の参加は平井が提案したものであった。この市民運動には最初は個人参加で平井を含めた二人のわだつみ会員しか参加をしていなかった[28]。しかし、会として参加をすることが常任理事会で決まり、平井と理事長の中村克郎が呼びかけ人となり、実行委員のメンバーにもなったのである[29]。平井が東京や近県の会員に連絡のハガキを送ったところ、二十人余りの会員がこの運動に参加をし、この参加への全面的な共感を述べた手紙を送った会員もいたという。会として参加したことを、平井はわだつみ会が「行動への禁欲」から「禁欲ののりこえ」をしたと形容している[30]。第二次からいた平井が「行動」へと向かっていったことも、同会の方向性そのものを問い直そうとする土壌を形成する一因であった。

次に、規約改正に関わった会員の思想をみていきたい。

規約改正を推し進めた一人は「戦中派」の梅靖三であった[31]。梅は「戦中派」ではあったものの、第二次わだつみ会からいた「戦中派」ではなく、「天皇問題」特集の第三次わだつみ会のときに入ってきた「戦中派」の会員であった。

梅はわだつみ会が加害者性をより意識していくことを主張していた。『わだつみのこえ』では、梅は日本人の「加害者意識の欠落」や「戦争責任に対する不感性」を批判していた[32]。規約改正に戦争責任を入れたことに関しても、わだつみ会は被害者意識に基づいていて加害者の視点が弱ったことから、自分たち自身を含めた加害者責任の追及の内容を規約に盛り込んだと梅は述べていた[33]。

また、梅の事務能力も規約改正に影響を与えた。一九八〇年代に梅はわだつみ会の事務を担当するようになっていく。その理由としては、第三次わだつみ会を牽引した渡辺清の急逝により、不在となっていた事務局長を、さまざまな資料をまとめるファイリング能力の高い梅が担当することで規約改正も現実的なものとなっていったのである[34]。

第四次わだつみ会で理事長となる高橋武智の思想も規約改正に関わっていた。高橋は第一次わだつみ会から会に参加していた古参の会員であった。高橋は自身の運動に傾倒していったこともあり第二次わだつみ会の途中で運営から離れていき、一九八〇年代になってふたたび会に関わるようになっていた。

わだつみ会に戻ってきた高橋は会に若い世代を入れようと積極的に動いていた。先述した一九八六年のフォーラム「いま『わだつみ』を読みなおす」も高橋が中心人物の一人として開催されたフォーラムであった[35]。このフォーラムは、先述のように、若い世代から加害者意識の欠如を指摘されたものであった。これは若い世代を同会に入れようとする点において、同会の方向性を再考する必要性を生じさせたひとつの要因であった。

そして、高橋も若い世代を会に入れるには、現在のわだつみ会の方向性を変えていく必要があると考えていた。高橋は一九八六年の『わだつみのこえ』八三号の「編集後記」で、いまのわだつみ会は「若い世代」や「後世」から「指弾を浴びる」可能性があると、わだつみ会の方向性について批判をしている[36]。また、高橋は規約への戦争責任の文言の追加は若い世代を取り込もうとした意図もあったと語っている[37]。高橋は若い世代を取り込むためにも会の規約を改正し、会の方向性を会の内外に示そうとしたのである。

わだつみ会が加害者性を意識していくべきだという姿勢は、若い世代を取り込むためだけではなく高橋自身の思想でもあった。第二次わだつみ会では、会として「行動」をしない方針をとる「戦中派」を厳しく批判し、高橋は会が積極的に「行動」をとっていくことを促していた[38]。そして、高橋は加害者性についても言及しており、その姿勢は第三次わだつみ会の一九八〇年代でも変わることはなかった。当時の中曾根康弘首相の靖国神社への公式参拝の際には中曽根首相の公式参拝を許してしまったことはある種の共犯者であり、自分たちの戦後責任も問うべきだと指摘していた[39]。

三-七　規約改正の過程

当時の理事長の中村克郎は「切迫した今日の状勢下にあって、死者の鎮魂団体に止まっていてはいけないが、靖国、天皇問題についてわだつみ会は沈黙してはおれない。わだつみ会の運動の発展に、力を合わせて行きたい」とし、会が積極的に声明を出すことを推奨していた[41]。一九八七年四月の理事会では活動の方向において、「思想団体」としての「基本的性格は変わらない」と留保しながらも、各運動と連携・行動をすることを努力するという方向性が示されている[42]。この理事会では、規約の改正についても論議されており、「以上の方針を具体化するうえで、また今後の活動を進めるうえで現在の規約は、これが見直しに迫られている」とし、来年度（一九八八年）に向けて規約改正を目指すとされた[43]。

わだつみ会の規約は改正前後では下記のようになっている。

・一九五九年一一月（改正前）

第二条　本会はわだつみの悲劇を繰り返さないために戦没学生を記念し、戦争を体験した世代と戦争体

験を持たない世代の協力、交流をとおして平和に寄与することを目的とする

・一九八八年四月三日（改正後）

第二条　本会は再び戦争の悲劇を繰り返さないため、戦没学生を記念することを契機とし、戦争を体験した世代とその体験をもたない世代の交流、協力をとおして戦争責任を問い続け、平和に寄与することを目的とする

一九八八年四月三日の総会において、戦争責任の文言を含んだ規約改正が承認されることになる。第二条に関する規約改正は、「わだつみの悲劇」が「戦争の悲劇」に変わり、「戦没学生を記念し」が「戦没学生を記念することを契機とし」に変更されている。

わだつみの悲劇が変更された点に関して、規約改正に関する会議を記録した当時の資料では「一般に「わだつみ」の語彙の理解が不充分。戦争に対する反省は「十五年戦争」に限らない」とされており、外部からみた「わだつみ」への認識と、学徒兵に関するアジア・太平洋戦争にとどまらない戦争への意識から、「わだつみ」から「戦争」へ変更されたことがわかる。(44)

また、「戦没学生を記念し」から「戦没学生を記念することを契機とし」への改正は、わだつみ会が学徒兵以外の事柄も対象としていくことの現れでもあった。当初、わだつみ会は学徒兵の問題が中心の会であったのが、学徒兵に限らずさまざまな社会的・政治的問題を扱っていくようになった。規約改正はそれをふまえて「記念をすることを契機とし」に変わっていった。これは学徒兵を主軸に据えていた会の変容を示すものでもあった。

規約改正に関して、ある人物は「内なるものの戦争責任」や「外なるものへの戦争責任」を問い続けるこ

とから、規約の第二条を改正したことは喜ばしいとし、これによって、「『わだつみ会』は本当の戦争否定者になった」とも述べている。(45) 会員のなかでも、わだつみ会の立場をどう示すかは重要な問題であった。規約改正後にわだつみ会は、天皇の戦争責任を問う「幾千万戦争犠牲者の声に聴きつつ」という声明を発表する。

〝わだつみ〟の悲劇を繰り返すまいとの願いから出発した本会は、四十年近い活動を通じて、(一)戦没学生の悲劇が、三百万の日本人死者を数える十五年戦争末期の一部分にほかならないこと、(二)十五年戦争は、もっぱらアジア太平洋地域に対する日本の侵略戦争だったこと、(三)死者だけで優に二千万をこす同地域の人びとの物心両面にわたる被害は償われていないこと、(四)その償いだけでなく、侵略責任の所在を明らかにし、その再発を防ぐことは、我々日本人の子々孫々までの義務であることなどを、心に刻むようになった。(46)

ここでは、学徒兵への共感で始まったわだつみ会がほかの戦死者を学徒兵と同列に扱うようになったこと、いわば、学徒兵がわだつみ会のなかで後景化したことと、アジアへの加害の自覚が表明されている。前述の一九八六年のフォーラムで加害者性が問われたように、会の加害者性への認識を会内外で示す必要があった。加害者性への問いなしには、一九八〇年代という時代において「行動団体」としてやっていくことは難しかったのである。「行動への禁欲」の乗り越えによりわだつみ会は実質的に「行動団体」となり、その指針を示すために規約を改正し戦争責任の文言が追加されることになった。

では、ここでの「戦争責任」の文言はどのような意味で使われていたのだろうか。まず、一九七〇年代におけるわだつみ会で戦争責任がいかなる意味で使われていたのかを確認したい。天皇問題特集はわだつみ会にさまざまな問題に取り組める土壌を形成した。「戦中派」の鈴木均は、天皇問題特集はまさしく戦争責任の追及の問題だとし、戦争責任の追及の問題を通して日本の社会構造を問うことにもなり、天皇制はすべての問題に関わっているので「日本社会の全体」を照射することができるとしている。(47) わだつみ会による昭和天皇の戦争責任の批判は、天皇の戦争責任を大々的に追及することが少なかった当時のメディアにおいて重要であった。(48) そのため、天皇問題に関心のある人びとがわだつみ会に入会したり、『わだつみのこえ』を読むようになったのである。しかし、天皇問題を主軸としたことで、わだつみ会で戦争責任が議論される場合、天皇の戦争責任を指すことが多かった。民衆の戦争責任にまで議論が及ぶことは少なかったのである。実際に、一九七八年にわだつみ会が編集した『天皇制を問いつづける』では、「天皇制および現天皇についてのさまざまな想念」が、いかに「日本の無辜の民」（傍点は本文ママ）のなかにあるかと書かれており、民衆は無辜の存在として形容されている。(49) 一九七〇年代はさまざまな人びとがわだつみ会に参入してきた時期であったが、運営の中心は第二次わだつみ会からいた「戦中派」であったので民衆まで含めた戦争責任の追及まではいたらなかった。もちろん、わだつみ会でも民衆の戦争責任も問う集会もなかったわけではないが、一九七〇年代のわだつみ会の関心の中心は天皇問題であり、そのなかでの戦争責任とは天皇の戦争責任を問うことだったのである。

一九八〇年代になると、アジアの被害者へ着目し、民衆の戦争責任を追及する流れがより活発となっていく。民衆の戦争責任が問われるようになったことは、みずからの戦争責任をより問うていく必要性が生じていったことでもあった。また、前述のように運営の中心が以前から加害者性の問題を指摘していた高橋武智などの「戦後派」になっていたことで、戦争責任は天皇のみならず、みずからの加害者性を含めたものになっていった。一九八〇年代の戦争責任論では東京裁判研究も新たに展開されていた。(50) 一九八三年には東京裁判の国際シンポジウムがおこなわれており、シンポジウムの企画・運営に関わった大沼保昭は、このシンポジウムによっていままでほとんど対アメリカで考えられていた東京裁判を、日本の人びとが対アジアとの関わりで考えるようになった転換点であったと述べている。[51] 同じく一九八三年には小林正樹によるドキュメンタリー映画『東京裁判』が公開され、わだつみ会ではその合評会「映画「東京裁判」合評」が開催されている。そこではみずからが「先兵」となり犠牲をしいられたため、「天皇が戦争責任をまぬがれる経緯」が鮮やかに描かれていたことに「感慨」を抱いたとする一方で、「アジア近隣の民衆に多大の迷惑」を及ぼし、いかに指弾されようとも謝罪や償いのしようがないことに「痛苦の念」に駆られたとも書かれている。[52] わだつみ会でもアジアの被害を考えることにくわえてみずからの加害者性、戦争責任も考えるようになっていったのである。『わだつみのこえ』のある号の編集後記でも、「被害者の方々の証言と批判を直に伺うこと」が、「加害者としての自覚を深め善隣友好への一歩となれば幸い」であると書かれていることからもそれがわかるだろう。[53] 実際に規約改正に関する資料では、規約に「戦争責任を問い続け」を入れることは、「加害者としての戦争責任の追及」であるとも補足されている。[54] 一九八八年の規約改正で結実した「戦争責任」は、天皇の戦争責任のみならず、みずからの加害者性を含めた戦争責任であったのである。[55]

四　おわりに

本章では、資料や関係者へのインタビューを通して、わだつみ会の一九八八年の規約改正に着目し、わだつみ会がどのように組織として変容し、加害者性を主題化に取り組んでいったのかを明らかにした。

先行研究でわだつみ会が取りあげられる場合、わだつみ会の「戦争体験」の語りに関心があったため、世代間で「戦争体験」の議論が活発であった第二次わだつみ会がおもに論じられる傾向があった。先行研究は第二次の「戦争体験」の議論の様相を明らかにしていった。ただ一方で、本章で取り扱った一九八〇年代は着目されることが少なく、わだつみ会がどのような過程を通して加害者性の問題を主題化していったのかが明らかにされていなかった。また、第一章で確認したように、第二次でも規約の改正を試みられていたがあくまで総会の決定のみで正式にはなされていなかった。第二次の改正の試みは同会に影響を与えたが正式なものではなかったため会員からも忘れられていき、一九八八年の規約改正ほど全体に浸透をしなかった。わだつみ会や会員の思想や実践の考察には会の組織的、制度的な変化も追っていく必要があった。第二次の「戦争体験」の議論に過度に焦点を当ててしまうことは、今日まで続いているわだつみ会の多様な営みを捨象することにもなる。現在のわだつみ会はさまざまな政治問題にコミットし、戦争責任や加害者性にも積極的に言及しており、こうした現在の方向性は、一九八〇年代の会の規約改正が影響を与えている。本章は、一九八〇年代のわだつみ会に着目をすることで、現在のわだつみ会の営為の下地となった加害者性の主題化の過程を明らかにした点でも学術的意義がある。

わだつみ会は第一次が運動で瓦解したという認識から、一九六〇年代の第二次から「思想団体」として出発した。しかし、「行動」をしないことに不満を覚えた下の世代が一九六〇年代末に大量に抜けていく。一九七〇年代の第三次わだつみ会では「天皇問題」を扱うことで、わだつみ会が学徒兵以外のことをとりあげる契機となった。そして、わだつみ会を牽引してきた「戦中派」の事務局長・渡辺清の急逝による不在を埋めるべく、会は「戦後派」の常任理事を増加させた。これにより「戦後派」の意向が会に反映されていくことになる。

長らく「行動への禁欲」をしていたわだつみ会が、その禁を犯し実質的に「行動」へと進んでいく。「行動」することによって、わだつみ会が外側からどのように捉えられているのかがより自覚されていった。若い世代からは「わだつみ」の手記は加害者意識がないと追及されていた。わだつみ会は団体として他と交流していくには、会の制度を確立し、外部からもみてもわだつみ会が確固とした組織であることを示す必要があった。右記で述べたように、規約改正に関して、高橋武智は、戦争責任の文言をいれたのには若い世代を取り込もうとした意図もあったと述べている。(56)同会の規約は外部に会の考えを表すものでもある。だからこそ、規約改正がなされていった。戦争責任の文言をいれることは、外部からのわだつみ会の批判に応えることでもあった。規約改正は当時の戦争責任を追及する動きに併進したものでもあった。

第三章　非戦争体験者による戦争体験者の戦争責任の追及
――戦争責任を語るとはどういうことか

一　はじめに

なぜ私たちは戦争体験者の語りを重要だと思うのだろうか。それは、実際に戦争を体験した人の語りだからである。「戦争体験者」という言葉のように、彼らが戦争の悲惨な時代を生き、その体験を持っているからこそ、私たちはそれを重要だと捉えるのである。それは、そうした体験を持っていない非戦争体験者は実際の戦争を知らず、戦争体験者は知っているという構造をもたらすことにもなる。

そうした構造に着目したのが福間良明であった。知識人を対象に、「戦争体験」を持つ「戦中派」の語りが教養主義的な一種の象徴暴力を持ったことを指摘した福間良明は、「戦争体験」と教養の関係を分析した(1)。戦争体験者は体験を持っていることで、非戦争体験者に対して優位性を持つ構造があった。もちろん、下の世代はそれに対して、反発をしていったため、その優位性が絶対だったわけでない。福間がこの研究を始めようと思ったきっかけのひとつも、ある会合で年配の出席者が自分は特攻隊員だったのでよく知っているとの発言をしたときに、下の世代の出席者に冷めた空気がよぎったことであった(2)。戦争体験者が体験を持っていることが象徴暴力をはらむことに対する下の世代の批判など、戦後日本における「戦争体験」への共感や反発を福間は描いたのである。

福間はおもに知識人を対象としていたが、戦争体験者が持つ体験の一種の優位性は、「戦争体験」の語りを考えるうえで重要である。

戦争体験者への戦争責任の批判がよりなされた一九九〇年代において、「戦争体験」を持つことはどのような意味を持ったのだろうか。

かつて「戦前派」は学徒兵の教養の欠如を批判したがその教養の欠如ゆえ学徒兵の戦争責任は問わなかった。だが、九〇年代においては、戦後生まれの若者は、学徒兵に対して、戦争を批判的に捉えるほどの教養を持っていた学徒兵が戦争に協力した点で戦争責任があると主張していた。[3] 学徒兵に教養が見い出されることで、「戦争責任をとり得る主体」に学徒兵が「昇格」されたと福間は指摘する。[4]

では、こうした状況において、戦争体験者が「戦争体験」を語り、記述することはどのような意味を持ったのだろうか。福間は「戦争体験」と教養の構造から九〇年代の戦争責任の追及を分析したが、本章ではこうした九〇年代の状況において、「戦争体験」を語ることと記述すること、それに関して、下の世代が戦争責任をどのような問いから追及したのかをみていきたい。体験を語るには、聞き手の存在が必要となる。被爆者の語りを研究した根本雅也は、「体験を語る活動は聞き手の存在があってこそ成立」し、「語り手は聞き手に従属してもいる」ことを指摘している。[5]「体験を語る個々の被爆者」は、「聞き手によって体験の語り手としての適切な振る舞いを求め」られるのである。[6] 体験の語り手は、自由に語ることができるわけではなく、聞き手の求める語りをすることでもある。

語り手・体験者が、聞き手・非体験者に従属もするのならば、戦争体験者に対して戦争責任の批判がより強くなった九〇年代のわだつみ会において、戦争体験者はいかなる語りや記述になっていったのだろうか。

そして、重要なことは、そうした従属的な一面もある構造を非戦争体験者がどのように捉えたのかということである。根本はおもに被爆体験者の側から語り手の従属性を明らかにした。本章では、非体験者が、そうした構造をどう認識し、その構造とどう向き合っていったのかを明らかにする。

これを明らかにするために九〇年代のわだつみ会の非戦争体験者の活動を分析する。九〇年代のわだつみ会は戦争体験者の加害者性が問われた時期でもあった。戦争体験者は自身の加害の体験を語ることを聞き手に求められたのである。戦争体験者である「戦中派」の戦争責任を追及していくことは、「戦中派」にみずからの戦争責任の語りを促すことでもある。これは体験者に戦争責任の語りを求めることであり、戦争責任の追及によって体験者が、非戦争体験者に従属していくことにも繋がるのである。では、「戦中派」の戦争責任を追及した非戦争体験者はこうした従属をもたらす構造に無自覚だったのであろうか。そうした、聞き手に語り手が従属する構造を非戦争体験者はそのまま受容したのだろうか。そうした構造を気づき、それを崩そうとした者もいたのである。

そのような人物として、おもに八〇年代から九〇年代にわだつみ会に参与し、「戦中派」の戦争責任を批判した田口裕史（一九六三年生）を取りあげる。八〇－九〇年代は、「市民と研究者の共同」による「自発的な戦争責任の追及の試み」の勢いが増していった時期であり、そうした取り組みで特筆するものとして、「アジアに対する日本の戦争責任を問う民衆法廷準備会」の活動があった。(7) 田口は民衆法廷準備会で事務局もやっていた人物であり、戦争責任を追及した非戦争体験者として重要な立ち位置にいる。また、田口は、福間（二〇〇九）において、わだつみ会で学徒兵の戦争責任を追及した戦後生まれの世代として取りあげられており、わだつみ会で「戦中派」の戦争責任を追及した人物でもある。以上のことから、田口の取り組みを対象とすることは八〇－九〇年代に戦争責任を追及した戦後生まれの非戦争体験者が、戦争体験者と交流することで、どのようにその語りを捉えていったかをみることができる。そして、九〇年代のわだつみ会は「改ざん問題」を言及されることが多かったが、この問題に取り組むことで、九〇年代のわだつみ会の戦争体験者と非戦争体験者の交流の側面をより浮かび上がらせることができ、非戦争体験者がそうした交流を通してみずからの思想をどう形成していったのかも明らかにすることができる。これによって、九〇年代における「戦争体験」の継承の一面も見ることができるだろう。

田口の活動は「戦中派」の戦争責任を積極的に批判した非戦争体験者に思える。実際にそうした面はあるものの、どのような意図から「戦中派」の戦争責任を批判したのかを捉える必要がある。戦争体験者の語りや記述が時代や社会、集団のなかで生成されていくように、非戦争体験者の語りや記述もそうしたなかで生成されていく。田口はわだつみ会での議論もふまえて、『戦後世代の戦争責任』を執筆していた。詳しくは後述するが、田口がこうした議論をしたのには『戦後世代の戦争責任』のように資料として残そうという意図があった。「戦中派」の戦争責任を批判した非戦争体験者は多いが、田口は戦争責任をただ批判するだけではなく彼らと議論し、それを資料として残すことを意識して交流した点で重要である。このような田口の営みをみていくことで、当時のわだつみ会で「戦争体験」を語ったり、記述することはいかなる状況にあったのかも明らかにしていくことができる。

本章の目的は、八〇年代後半から九〇年代のわだつみ会において、戦争体験者の戦争責任が追及されることで、戦争体験者の語りや記述がどのように変容したかをみたうえで、それに対して、戦争責任を追及していた非戦争体験者である田口裕史がいかなる実践をしていき、戦争責任をどう再帰的に捉えていったのかを明らかにしていくことである。

二　わだつみ会への田口裕史の関わり

田口裕史は、わだつみ会で体験者の「戦争体験」の語りを聞くことで、体験者を単純に加害者と批判することに疑問を抱いていく。また朝鮮人ＢＣ級戦犯と関わることで、体験者が語りを定型化していくことに危惧を持つようになる。下記では非体験者である田口の思想や実践を詳述していく。

二－一　わだつみ会との出会い

田口裕史は早稲田大学卒業後も戦後補償の問題に関わり続けた人物である。既成の道筋には合流しない田口の思想は、高校時代に培われたものであった。当時、田口が通っていった高校は、宿題をしてこない生徒を教師が殴るなど暴力的な面が残存していた。田口はそんな学校の対応をよく思わず反抗的な態度をとっていたが、ある英語教師とだけは仲が良かった。あるとき、他の学生がやった英語の翻訳を丸写しにした生徒を次にように怒ったという。

夏休みに宿題があってね、英語のね。レポート用紙このぐらいになるような翻訳を彼（注：英語教師）が出したんですよ。すごい時間かかってみんなやるわけだけど、それをね、同級生が訳したものを単純に書き写し出したやつがいるんですよ。それはバレるじゃないですか。そのときに彼（先生）が怒ってね。

> 怒り方が素晴らしかったのが、学校のシステムに飼いならされるなって怒ったんですよ。つまり、これを提出すればＯＫっていうのはおかしいだろうと。これだけの分量を書き写すのにはすごく時間がかかるんだよね。「その時間がお前にはなんの役にも立ってないだろう。もしも、自分にとって他に必要なことがあるなら言いに来い。夏休みの間、岩波文庫を二メートル分読んだのでこの翻訳の時間がありませんでしたというなら俺は許す。そういうやつが出てこないといけないんだ。学校のシステムに飼いならされるな」って怒った。まともな怒り方だなと思ってね。本質的には自分にとって大事なことを自分で選択してやることが大事なんだと。学校のカリキュラムにそういうのに縛られて生きるっていうんじゃないやり方で、自分にとって大事なことを掴むっていうのが大事だなと思った。[8]

田口はこの出来事から学校のカリキュラムに縛られないことを学んだという。田口は、システムに縛られず、自分で考えて行動していくことを志向していったのである。

高校で培った田口の思想は、予備校選びにも影響した。田口は予備校に代々木ゼミナール（以下、代ゼミ）を選ぶことになる。その理由は、出席をとらないことにあった。駿台予備校は座席も決まっており出席もとられていた。上述の高校時代の体験から、自分が自由にできる代ゼミを選択したのである。

この代ゼミに通う選択が、田口をわだつみ会に関わらせていく。早稲田大学に合格したあと、そこの講師である古藤晃（一九四五年生）が代ゼミの卒業生を対象に「しこたま世界を知る会」という勉強会を開いていた。田口はその勉強会に参加し、課題図書を読みあったり、飲み会をしたりしていた。代ゼミの講師には、古藤を含めて、小田実（一九三二年生）、吉川勇一（一九三一年生）、小中陽太郎（一九三四年生）、高橋武智

（一九三五年生）などべ平連に関わった人びとが少なくなかった。古藤のように、べ平連に関わった講師が生徒に勉強会を開き、学びを促す構図もあったのである。田口が代ゼミを選んだことは、さまざまな人びとや思想にふれていくことにつながった。

そして、田口は古藤から同じく代ゼミ講師であった高橋武智を紹介され、わだつみ会へと関わっていくことになる。とはいえそれは、わだつみ会に興味があったからではなかった。何歳も下の自分に頭をさげる高橋武智という人物に惹かれていったことにあった。

最初に高橋武智さんとお会いして、非常に熱心に若い人とのつながりを作ろうとしていて、よろしくお願いしますと（高橋が）頭を下げたりするわけですよ。なんでこんなおじさんが若者に頭を下げてまでやろうとしてるんだろうと、想いと熱意はなんなんだろう。（高橋）武智さんとの関係から最初のわだつみ会との関わりですね。興味が湧いた。(9)

何歳も下の自分に頭を下げる高橋に心を打たれ、田口はわだつみ会へと参加していくことになる。

二-二　一九八〇年代のわだつみ会の取り組み

一九八六年二月一一日の企画「いま『わだつみ』を読みなおす」は、わだつみ会が若い世代へ働きかけた試みであった。またこの企画には、『きけわだつみのこえ』を「戦後平和運動の原典＝原点としてとらえ、若い世代に継承するために再読を通して老年、中年、青年の世代を越えた結合をはかりたい」という意図も

あった。(10)

この企画で若い世代にアピールをしようとしたわだつみ会であったが、若い世代からは加害者意識がないと批判をされることになる。たとえば、この企画で呼ばれたピースボートは、若い世代が戦争責任について考えていく運動体でもあった。ピースボートの運動をみてもわかる通り、戦争について語るためには、日本の加害者性への視点も必要となった時期であった。わだつみ会は、会として加害者性とどう向き合っていくのかが問われていったのである。

この企画において、「戦中派」の平井啓之の発言が、田口に大きな影響を与えることになる。田口は平井の発言を含めてそのときの印象を次のように述べている。

ピースボートの人たちが出てきて、『(きけ)わだつみのこえ』にコメントして、そこにはアジアへの加害意識がないじゃないかという話をしたんですね。(中略)そのあとに、わだつみ会の平井啓之さん、フランス文学者の、彼が出ていらして、『ああいう風に言える若い世代が自分は羨ましい』とおっしゃたんですね。彼自身も個人的に『(きけ)わだつみのこえ』に載っている人たちに思い入れがある。(平井が)『なかなかそう(加害者であると)言えない部分。理性的に考えたらたしかにそう(加害者)なんだけども。そう言えないところがあるな。若い世代が羨ましい』っておっしゃったときに、われわれの世代、ピースボートの人たちも、私含めた捉え方が、なんと上っ面で軽いかってことを感じて、ちょっと平井さんみたいな世代の人たちとの関わりをしっかり作りたいなと感じたんですね。(11)

田口は平井の発言から体験者とより関わっていきたいと考え始めたのである。田口は平井の「戦争体験」を聞くことで、単純に体験者を加害者と追及することの浅はかさと、体験者のなかの割り切れない想いを聞きたいと思うようになった。

ただ、体験者を呼んで若い世代が体験者の語りを聞く会を催しても、若い世代の反応は芳しくなかったためうまくいかなかったという。田口はそうした会の様子を以下のように語っている。

語られる内容がある程度予想ついてしまうというかね、「軍隊ってこういうところで、こういうひどいことがあったんですよ、こういうひどい状態なんですよ」ということが語られる。それがいまそれぞれ生きている自分の問題とうまくリンクしないなということなんだろうな。全然別世界の違う時代の出来事を、単に聞かされてるという感じになってしまうので、これはどうしたものかなっていう風に思っていた印象はありますね。（中略）だから同年代の人たちが何人か集まったって話を聞くんですけど、あまり良い反応が返ってこない。今日は来てよかったよという感じになかなかならないなと思っていて、歯がゆい感じはずっとしていましたね。(12)

体験者の語りを聞く催しが上手くいかなった理由の第一は、体験者が語る内容に予想がつくことであった。聞き手の若い世代は、体験者の軍隊の悲惨な体験の語りを、ある程度予想ができてしまった。体験者の語りは若い世代からすれば新鮮さを感じなかったのである。第二の理由は、自分たちの世界とリンクをしないことであった。体験者の体験は、若い世代が生きている今の時代とかけ離れているように感じたため、自身の生活と関連がせず、みずからも関わっている問題として受容することが難しかったのである。田口は、これらの体験から、体験者の語りをただ聞いて受容することに疑問を持ち始めていた。

二－三「わだつみを友人に贈る会」

田口のわだつみ会の活動のひとつには、「わだつみを友人に贈る会」がある。若者が友人に『きけわだつのこえ』を贈り、平和を学んでいくために企画され、実現した運動であった。実際に、機関誌『わだつみのこえ』でも「わだつみを友人に贈る会」はたびたび取りあげられており、田口も『わだつみのこえ』の八四号で「「『わだつみ』を友人に贈る会」について」でその意義を記している。資料を見る限りでは田口はその運動に積極的であったが、田口の語りはそうした資料から得られる印象とは異なる。田口は、この運動はそれをしている若者のなかでもピンときていなかったという。

田口　そんなに素直な感じではなくて、古藤（晃）さんのアイデアでやろうといって、しこたま世界の知る会の連中が、古藤さんのもとで集まった人たちなので、古藤さんがやろうっていうならやろうって。でも、内部ではピンとこない感じでしたね。

※　ピンとこない？

田口　それは重大な問題だったんですけど、当時やっぱり、コンスタントな勉強会とかやってましたけど、平和学の基礎文献読んだりして、構造的暴力みたいなことを学んでいました。それで、アジアと日本の関係をどう修正していくかってことに興味、関心が向いてきたり、あるいはメディアのなかでも教科書問題が問題になり、加害って側面がずいぶん見えてくるようになった時期ですから、それで『（きけ）わだつみのこえ』ってどういうことなんだろうと。ピンとこない。しかも読んでもピンとこない。[13]（※は筆者）

この「ピンとこない」という感覚は、田口によれば、『きけわだつみのこえ』を読み広げる運動の必要性に対する疑問であった。一般論として『きけわだつみのこえ』を読むことには意味があるのだろうと思えるものの、自分たちがいま『きけわだつみのこえ』を読み広げる運動をする必要性がわからず、そうした昔の話よりも今の問題に取り組む方が重要ではないかという声があったのである。

若者が集まったこの運動をおこなった理由は、古藤の人望によるものであった。実際に運動をしている若者にも反応がいまひとつであったのには、本を贈ることがなぜ平和を教えることになるのかという疑問があったからである。

また、そこには世代による考え方の差異もあった。「上の世代の人たち」は本などを読んでもらったら「伝わるだろうという期待」があり、一方で、田口などの世代では、「読んでも伝わらない」ことがあり、世代によって「現状の捉え方」には「ギャップ」があったと田口は述べている。[14]

一九八〇年代のわだつみ会はこうした会内外の反応を鑑みて、「加害」や「戦争責任」を問う方向へとより舵を切っていく。代表的なものは、一九八八年の規約改正であろう。第二章で確認したように、わだつみ会の規約に、「戦争責任」の文言が入れられたのである。規約という会の内外に会の指針を示すものにおいて、「戦争責任」が付加されたことは象徴的なことであった。

二－四　アジア民衆法廷準備会と朝鮮人ＢＣ級戦犯支援運動

わだつみ会で問題提起され、独立して立ちあげられていった運動にアジア民衆法廷準備会がある。アジア民衆法廷とは、「アジアに対する日本の戦争責任を問う民衆法廷」であり、「侵略戦争の歴史を検証し、これまで明らかになってきたさまざまな事実を再構築し、新たな事実を掘り起こし、それらを民衆の歴史として定着させていく場」であった。(15)アジア民衆法廷準備会のきっかけは、内海愛子、田中伸尚、高橋武智の立ち話から始まり、それをもとにわだつみ会での田中伸尚の講演「民衆法廷へ向けて――総括的問題提起」がおこなわれたことで、アジア民衆法廷準備会の話が具体化していったのである。(16)田口もアジア民衆法廷準備会の事務局メンバーの一人として運動に積極的に関わっていた。アジア民衆法廷準備会はそこから「軍医学校跡地から発見された人骨問題を究明する会」「香港軍票補償をすすめる会」「韓国・朝鮮人ＢＣ級戦犯を支える会」などの市民グループが派生していき、これらのグループが一九九〇年代に活発化した戦後補償要求運動の一翼を担うことになった。田口はアジア民衆法廷準備会から派生した市民グループのなかでも、とくに、「韓国・朝鮮人ＢＣ級戦犯を支える会」へとコミットしていく。(17)

朝鮮人ＢＣ級戦犯は、おもに俘虜収容所の監視員であった。俘虜収容所の監視員は、軍属傭人で、軍に徴用された民間人という扱いだった。(18)「日本軍の俘虜になった連合国の将兵を監視」し、「食糧、医療、衣料、通信物の管理」など、「俘虜が生存していくのに必要な日常のこまごまとした面倒をみる仕事」である。(19)日本軍はジュネーブ条約を無視し俘虜を使役し、また、日本兵ですら飢えていたときだったため俘虜にそのしわ寄せがいき、多くの俘虜が栄養失調とそれによる疾病で死亡した。それをふまえれば、俘虜の死亡は、俘虜収容所だけで責任がとれる問題ではなかったが、責任は現場に集中し、その末端にいた朝鮮人に戦争責任が集中していったのである。[20]

このように俘虜収容所の監視員となった朝鮮人は、戦争終結後の裁判によって戦犯とされる者もいた。日本が受諾したポツダム宣言の第十項には「吾らの俘虜を虐待せる者を含む一切の戦争犯罪人に対しては厳重なる処罰を加えらるべし」との文言があったように、俘虜虐待に対する戦犯追及は連合国の当初よりの方針であったこと加え、日本の俘虜の死亡率がドイツ・イタリアに比べ高かったため、連合国は厳しい姿勢で臨んだのである。[21]収容所関係者が多かった朝鮮人は、有罪者とされるもの多かった。

田口も支援した朝鮮人ＢＣ級戦犯の日本政府への補償請求は、「日本国籍」の問題をめぐっても生じたものであった。一九五〇年から五一年にかけてＢＣ級戦犯はアジア各地の戦犯刑務所からスガモ・プリズンに移送され服役することになったが、一九五二年のサンフランシスコ講和条約が発効し、その一一条に「日本国は、極東国際軍事裁判所並びに日本国内及び国外の他の連合国戦争犯罪法廷の裁判を受諾し、且つ、日本国で拘禁されている日本国民にこれらの法廷が科した刑を執行するものとする」とあり、刑の執行は日本政府が受け継ぐことになり、この第一一条の「日本国民」に朝鮮人戦犯が含まれるかという問題が残り、日本政府は朝鮮人戦犯も「日本国民」に含まれるとして、日本国籍は喪失するが「日本国民」として刑に服すことを課した。[22]日本政府は講和条約発効とともに元軍人らへの援護法や恩給法を制定したが、朝鮮人戦犯は「日本国籍」を有していないためにその対象から外されており、このような一連の処置に対して朝鮮人戦犯らは一九五五年に「韓国出身戦犯者同進会」を結成し、日本政府に生活保障、国家補償、刑死者の遺骨送還を要求する活動をおこなっていったのである。そうしたなかで、一九九一年に司法の場で争うことを決意し、田口が関わる「韓国・朝鮮人ＢＣ級戦犯を支える会」もそれを支援していった。

二－五　語りの定型化への意識

体験者の語りの定型化に対する田口の意識は、朝鮮人BC級戦犯との関わりにおいてももたらされたものであった。たとえば、朝鮮人BC級戦犯に講演をお願いしたところ、次のような出来事があった。

ちっちゃな集まりで（朝鮮人BC級戦犯に）話をしてもらうことを何度かやったんですけど、まだ何人も東京に生きてらしたとき。ある方にお願いしたら、「みなさんの前に立つのは自分はちょっと嫌だと。みなさんから見られると、戦犯はこういう顔をしているのかという視線を受ける感じがして、ちょっと話したくない」と言われたことがあって。（聞き手が）どんな悪いことをしたやつなんだみたいな、想像をもとに見るっていう。もちろん、私たちはそんなふうには見ない。被害者としての当事者にお話していただくつもりだった。でも、（朝鮮人BC級戦犯は）欧米の元捕虜の監視員だった人が多いですから、欧米の捕虜の人から見れば、まるっきり加害者なわけだし。それも、（朝鮮人BC級戦犯が）自分のなかで、いろんな葛藤とか迷いとかありながらしゃべっているのが、自分（注：田口）にとっては興味深い。(23)

田口は、朝鮮人BC級戦犯との関わりからも、体験者が語るときの迷いや葛藤に、より着目していくようになる。一九九一年に、朝鮮人BC級戦犯の李鶴来（一九二五年生）が、「泰緬鉄道」研究セミナーに出席し、日本軍の捕虜として泰緬鉄道建設工事に動員され虐待を受けた人びとと対面することになった。(24) それは、戦時中の自分の被害者に会いに行くことでもあり、当時の日本軍の一員として李がぜひ謝りたいという想いからだった。(25) 一九九四年の『泰緬鉄道と日本の戦争責任――捕虜とロームシャと朝鮮人と』（一九九四、明石書店）では、セミナーでの李の報告を書き起こしたものが掲載されている。引用をすると、「あのきびしい状況のなかで、多くの仲間たちが死んでいったそのつらさ、無念さを思うとき、ダンロップ中佐や元捕虜の方々に、加害者側の一員として、たいへん申しわけなかったと、心からお詫びしたかったのです。皆さんの前で心からお詫びいたします」と、李は元捕虜たちに謝罪している。[26] この李の謝罪によって和解がなされたが、このエピソードを語ることによって、ほかの朝鮮人ＢＣ級戦犯に同じ語りを強いてしまうのではないかという議論が、運動の支援者たちのなかで起こった。

当時の（朝鮮人ＢＣ級戦犯の）一人（注：李鶴来）が行ってて、（元）捕虜の前に立って謝罪したんですよ。大変な勇気だと思うんですけど。当然（元捕虜の）反応が微妙で、何しに来たんだお前はという視線を受ける。捕虜のリーダー的な人でとても尊敬されてるお医者さんがいるんですけど、彼は和解しようという態度にしてくれて、本心はわからないんですが。友情の印に時計をくださったりして。それが新聞にも載ったんですよ。われわれもすごい出来事だなと思って。それでそのことがあちこちで語られたときに、そういう語り方をわれわれがしてしまうと、ほかの当事者たちも、『捕虜に対して申し訳がない』と、言わなければいけないような感じを作ったんじゃないかという議論があって。たしかにそうだなと思った。こんな風に語らないと世の中で受け止められないとか、このように語ることが正しいんだという空気を作ってしまうというのは、それぞれ違う立場で生きてきた人にとっては、望ましくないだろうって感じがしたのね。そういう運動とか環境とかが、あるいはメディアの報道とかが、語り口を左右してしまうことが結構あるかもしれない。[27]

こうした議論からも、田口は語り手への周囲の影響や、それによって語り手の語りが定型化することを考えるようになっていったのである。

田口は体験者の語りの定型化に着目したが、そのなかでも朝鮮人と日本人の体験者の差異には自覚的であった。これは一九九三年のわだつみ会の八・一五集会をみてもわかる。この集会では、「植民地出身者にとってのあの戦争」というタイトルで朝鮮半島出身の李仁夏（一九二五年生）が講演をしていた。李は日立就職差別訴訟や戦後補償運動など在日朝鮮人に対する差別撤廃運動を牽引した人物であった。講演は、李が青年時代に日本の軍国主義に傾倒していたことへの反省の弁と自身の戦後の運動について述べられていた。同日に登壇をした田口は、辛い証言をした李に対してわだつみ会はどういう形で応えられるのかと問うていた。[28]後日に田口がわだつみ会に送った文章でも、日本人の体験者があの場にいたにも関わらず、李の問いかけに対して明確な返答がなかったことを批判している。[29]ここでは、わだつみ会が李を呼んで加害の証言をさせたこと、日本人の体験者が李の問いかけに対して明確な返答をしなかったことが批判をされていたのである。このように、田口は体験者の語りの定型化を意識していたが、朝鮮人と日本人の体験者における差異も自覚をしていた。

三　記述することと語ること

一九九〇年代前半のわだつみ会では加害などに焦点がおかれ、その方針が体験者の記述や語りに定型化をもたらした。『わだつみのこえ』と『わだつみ通信』のように媒体が異なることにより、体験者の記述も変容していく。田口は体験者の語りの定型化を崩すために積極的に議論をし記録を残す実践をおこなっていく。下記では一九九〇年代の会の様子に触れながら、田口の思想と実践を考察する。

三―一　一九九〇年代のわだつみ会

一九九〇年代のわだつみ会は加害や戦争責任の問題によりコミットしていく。それには三つの要因があった。第一に、八〇年代以来の会の方向性である。八〇年代のわだつみ会は、会外からの加害者意識の欠如の批判に応えるために、会自身が戦争責任を追及していくようになった。さきに述べた規約の改正など、会内外に、会として加害や戦争責任に向き合っていることを示すようになっていた。

第二に、会の運営を「戦後派」が担うようになっていたことである。一九八〇年代から運営を「戦後派」が占めていったが、一九八八年に副理事長のポストが設置され、高齢の理事長の中村を副理事長で「戦後派」の高橋が補佐する形になった。九〇年代ではその高橋が理事長となり、会の指揮をとっていった。実際に動ける人びとも「戦後派」の人びとであり、総会の参加者も「戦後派」が多かった。[30]高橋らの「戦後派」は、六〇年代の第二次わだつみ会で、「戦中派」の加害者性や戦争責任を厳しく追及した世代であった。その世代が運営を担うことで、会の方向性も加害や戦争責任へとより向いていったのである。

第三に、「慰安婦」問題などの補償運動が出てきたことである。一九九一年に金学順が韓国人元「慰安婦」として公に名乗りでて提訴したことで、「慰安婦」問題は日本を含むアジア各地で大きな議論を呼ぶことになった。[31]アジア各国の被害者への謝罪に加えて、補償の面が出てきたのである。補償運動が出てくるなかでわだつみ会のように学徒兵の遺志を継ぐというだけでは理解を得ることは難しかった。当時の補償運動が盛

図5　一九九四年一二月のシンポジウム

んな情勢において、わだつみ会が目を向けられるためには、加害や戦争責任への態度を積極的に表していく必要があった。

わだつみ会において、加害の問題を扱った代表的なもののひとつとして、一九九四年一二月一日の不戦の集いのシンポジウム「侵略戦争をめぐる国家の責任と民衆の責任」があげられるだろう。[32] シンポジウムの形式は、各世代が報告をしていくものであり、四章立てのレジュメも用意され、「Ⅰ 侵略戦争の認識と戦争への道のり」「Ⅱ 侵略戦争への国家の責任――慰安婦問題と被爆者援護法案」「Ⅲ「侵略の兵士」か「犠牲者」か――「加害者たらしめられた被害者」」「Ⅳ 若者の問いかけ――「なぜ反対しなかったのか、逃げなかったのか?」」となっており、さらにⅣ章の最後には、「三「わだつみ世代」学生兵の戦争責任」の節が設けられていた。そのレジュメには各世代のコメントや論考、記事なども引用されている。レジュメの章立てをみてもわかるように、戦争責任が主題となっており、さらに、「わだつみ世代」（戦中派）の戦争責任が強く押し出されていたのである。

登壇した「わだつみ世代」の体験者たちは、みずからの加害に言及していった。「わだつみ世代」として登壇した戸井昌造（一九二三年出生）は、レジュメに引用された同世代の学者の「自分の親友兵士は断じて侵略戦争の加担者ではない」という記事への感想を「司会」から促された。戸井は「人間として、また学者として基本的な営為」がなされていないと述べ、「私は侵略戦争の加担者です。今こういうことを堂々と言えるなんてことは、むしろ死んだ友人たちに申し訳ないという気持ちです。彼らは何も言えなかった。彼らは人間としての反省もできずに死んでしまった」（傍点は筆者）と続けている。[33]わだつみ世代は、戦没した学徒兵も含めて加害への反省を述べていた。

このシンポジウムは、加害を軸に展開されたものであった。シンポジウムの参加者の一人は、シンポジウムの印象を「各自が分担し持ち分とする『世代』ごとの加害責任を逐次話されていく」という手順で進められており、会場の進行は「まるで行事のように『加害』の責任」がそろえられていたと述べている。[34]このシンポジウムでは、加害に沿って語ることが求められたのである。

もちろん、体験者の普段の「戦争体験」の語りがすべて加害や戦争責任に言及していたわけではない。公的な場において、加害や戦争責任をふまえた記述や語りが求められる傾向にあった。[35]九〇年代のわだつみ会の戦争責任や加害の追及は、アジアのなかで戦後補償の問題などが生じていくなかで、重要なものであった。ただ、そうした戦争責任の追及などは、戦争体験者が社会に向けて発信するときや公の場で発信する際に、その語りに定型化を促す面もあったのである。

三－二　「戦争体験」を発信する場

わだつみ会での「記述」に着目するにあたり、わだつみ会の媒体について確認したい。機関誌『わだつみのこえ』が会内外を意識した媒体であるのに対して、『わだつみ通信』は会員の相互交流の場でもあった。

一九七〇年代の会員外の読者の増加により、『わだつみのこえ』を介した会員間交流が難しくなり、会員のための媒体として『わだつみ通信』が作られた。[36]『わだつみ通信』は現在では国立国会図書館にも所蔵され会員以外でも閲覧が可能であるが、二〇一三年ごろまでは基本的に会員しか閲覧できない会員のための閉じられた媒体であった。[37]

鈴木均（一九二二年生）は、『週刊新潮』の記事「今頃「学徒兵」の戦争責任を問題にする「わだつみ会」の馬鹿」を受けて、一九九五年の『わだつみ通信』三四号で「死者は「侵略」の意向をもって戦ったか」という短文を書いている。前出の記事には当時のわだつみ会理事の水田洋（一九一九年生）のインタビューが載っており、「学徒兵は特権階級だからより、十五年戦争に加わった責任は重いということになります。古い世代（学徒出陣世代）は、個人の追悼の場と考え、戦争に加わらなかった世代は反戦運動の拠点と位置づけています」という形で引用されていた。

鈴木はこの発言を批判し、亡くなった平井啓之の遺著を忘れられないと述べ、「『同時代者の悲しみ』を『わだつみの死者』と共にし」ながら、「『反戦・不戦』のために闘うもの」こそが「生残学徒兵の義務」であるとして、それを理解してこそ、「死者と生残者」は「永遠」に「継承者」としてありうる「資格」を持つと主張する。[38]また、そうしないのなら、「『日本戦没学生記念会員』たる資格」はなく、「わだつみの死者の遺念をつぐこと」にはならず、「世代間交流」にもならないとし、現在のわだつみ会は「死者の声」に「耳を欹てて」いるか、「死者」は「侵略」の意向を持って戦ったのかを問い、そうではないとする。[39]「彼らも生き残ったわれら」も「故国の民」を「これ以上死にいたらしめない」ために「進んで身を挺したのであってそれ以外ではなかった」と述べ、そうした「死者の声」を忘却することは「死者の真実の声」を伝え

ることにならず、「誤った伝承と継承」は許されないと批判する。(40)

鈴木は学徒兵に「侵略」の意図があったと捉えることを批判しているのである。鈴木は、加害の文脈を盛りこんだ、一九九三年の声明にも署名していた人物であった。なぜ、その人物がこのような文章を記述したのだろうか。それには当時の『わだつみのこえ』の刊行形態と文章形式に着目する必要がある。当時の刊行形態は年に二回の刊行であった。毎年開催される八・一五集会と一二・一集会の宣伝を兼ねて、おもにその一ヶ月前に刊行がなされていた。明確な投稿募集期間はなく一年中投稿を受け付けていたが、投稿者は基本的に年二回の刊行の一、二ヶ月前に投稿をしていた。(41)つまり、『わだつみのこえ』に文章を掲載しようとする投稿者は、上記の期間に基本的に投稿をしてくるのである。また、『わだつみのこえ』に載せる文章形式は、「論文」であった。ここで言われる「論文」とは、ある程度の長さの文章であり、そして、一定の形式をもった、「整った」文章のことである。(42)実際に、『わだつみのこえ』を会員の自由な発言の場としたいという声に対して、わだつみ会は平和運動に思想的な問題提起をしていくのが役割なので、機関誌の内容は硬いものになるのはやむを得ず、会員の交流は『わだつみ通信』を中心とすると返答されていた（日本戦没学生記念会 一九九〇「事業計画案審議」『わだつみ通信』二四：四―六）。しかし、鈴木がこの文章を送ってきたのは三月の中旬から四月下旬ごろの可能性が高く、また、文章は非常に少ない文字数の短文であった。(43)『わだつみのこえ』に何度も投稿をしていた鈴木が投稿時期を間違えるとは考えにくい。そして、九〇年代の『わだつみのこえ』に掲載された鈴木の文章でここまでの短文で感情的な文章はない。これらの点をふまえれば、鈴木のこの文章は、『わだつみのこえ』に掲載をすることを目的として投稿されたものとは考えづらい。鈴木は、『わだつみのこえ』ではないからこそ、短文で形式にこだわらずに感情がより表されたこの文章を記述できたと考えることができるだろう。

鈴木がこの文章を記述できたのには『わだつみ通信』という場があったことも関係している。非会員の読者もおり、それなりの文章構成を求められる『わだつみのこえ』に対して、基本的に会員内に閉じられ『わだつみのこえ』ほどの文章構成を求められない『わだつみ通信』は、書き手に想いを発露させやすかった。また『わだつみのこえ』は、会員外の著名な学者やジャーナリストも書いており、一種の敷居の高さも持ちあわせていた。一方で、『わだつみ通信』は会員内に閉じた媒体であり、鈴木のように感情を表出させた短文も記述しやすかったといえるだろう。

しかし、鈴木のこうした想いは、一九九五年に『わだつみのこえ』一〇一号で掲載された「歴史と感情――被害・加害論を越えて――」では影を潜めてしまっている。これは、一九九五年『わだつみのこえ』の「学徒兵を含む民衆の戦争責任をめぐって」という特集で記述された文章であり、田口が「学徒兵と会の戦争責任についての、会内の様々な意見が、機関誌などに見えてこないのは残念だ。このような意見を戦わすことなしに、会が、〝学徒兵に戦争責任がある〟ことを公式見解にしてはいけない。当事者世代＝わだつみ世代と若い世代間で、この問題について充分議論を積み上げるべきだ」と提案したことから設けられたものであった。(44) 鈴木は「「戦争」の本質が、加害者が被害者となり、被害者が加害者でもあると云った複雑な関係をもたらす」と書いているが、『わだつみ通信』での学徒兵を侵略者とすることへの反発はあまり記述されていない。たしかに上記の鈴木の文章からは学徒兵を単純に加害者とすることへの違和は読みこめるが、『わだつみのこえ』の文章では『わだつみ通信』で書かれた想いはみえなくなっている。『わだつみ通信』であった感情は整理され、『わだつみのこえ』の読み手に受容されやすい記述へと変容する。資料の種類にお

いて、書き手の記述しやすいものと記述しにくいものが生じたのである。(45)

重要なことは、『わだつみのこえ』に沿った求められる内容を書き手が内面化し、記述をしていたことである。とくにわだつみ会に長く所属し、また『わだつみのこえ』に多く文章を載せている者ほど、『わだつみのこえ』の形式は内面化されていく。鈴木は、「戦中派」で第二次わだつみ会から参加し、『わだつみのこえ』に何度も文章を投稿していた人物であった。『わだつみのこえ』の形式の内面化は、書き手に記述しやすいものと記述しにくいものを、意識的であれ無意識的であれ、峻別させるものがあった。

三―三　「戦後派」と田口の文章の差異

「戦後派」は、「戦中派」の戦争責任や加害を一貫して追求してきた世代である。田口も「戦中派」を批判していたが、そこには記述や語りの定型化を崩す意図があった。田口には「意見を戦わすことなしに、会が、〝学徒兵に戦争責任がある〟ことを公式見解にしてはいけない」という考えがあり、それは朝鮮人ＢＣ級戦犯を支援する運動を通して、自分の語りが体験者の語りの定型化を生んでしまうのではないかという危惧からであった。田口の「戦中派」への批判は「戦後派」と同じように受け取られることが多く、「戦中派」の戦争責任を批判していた「戦後派」に、褒められることもあった。だが、田口は「（「戦後派」が）僕の言ったことを（好意的に）受け止めてくれて。でもちょっと違うんだよな」と思ったという。(46)

田口と「戦後派」の「戦中派」への批判の差異は、鈴木の「死者は「侵略」の意向をもって戦ったか」への返答からもわかる。「戦後派」の吉川勇一は、鈴木の理屈だけでは片付かない死者への感情に理解を示しつつも、「（日本の）民をこれ以上死にいたらしめないため」に「わだつみの先輩」たちが死んだのなら、もっとわだつみの死者が多ければ日本の死者は減ったのかという「意地悪な反論」もできるとし加害者性のなさを批判している。[47] 田口は、『わだつみのこえ』一〇三号で「戦後世代の責任として」で鈴木に応答を書いている。田口は「当事者自身を含む戦後を生きる者たち」が、「当時の思想と行動」をどう振り返るかという点から鈴木に返答をしている。[48] 田口は、「故国の民をこれ以上死にいたらしめないため」戦場へ赴いた人びとに加害の責任を認めるとき、自分たちが同じ道を許さない義務を自分自身に与えているとし、自分たちの今の生活がどんなに「悪意」を持たないものであっても、この社会が構造的にアジアの人びとを虐げつつ繁栄を享受しているのなら、その責任を感じる視点を模索する必要があると応答する。[49]

田口は鈴木の文章をただ批判的に捉えたのではなかった。田口は鈴木の文章に心をうたれたと書いている。鈴木の文章は、田口たちの世代が学徒兵の責任を「軽々と」論じ始めたことに対する文章であったとし、鈴木の言葉の重みに近づく努力をしながら、アジアへの加害の責任を語ることが戦後世代の担うべき責任だとしていたのである。[50]

また、語りの定型化に抗うために、田口はわだつみ会で語るときは「挑発」しようとしていた。「挑発」をすることで、体験者の語りの定型化を崩していこうとしたのである。[51] 田口の現在の語りとともに当時の田口の応答をみると、田口がなにを意図して、「挑発的」に「戦中派」を批判したのかがわかる。田口は、体験者の「物分かりの良い発言」を良しとはしなかった。

> 戦争体験者のすべてが「私も友人たちも侵略者でございました」と物分かりの良い発言をしたり、「わだつみ会」が学徒兵にも責任があったとの結論を出すのが望ましいと私には思えない。（中略）極論すれ

> ば、当事者世代によるこのような見解の表明を通じて私たち戦後世代が学ぶものは、何もない[52]［傍点はママ］。

これには、わだつみ会で議論を残していくことが、わだつみ会の意義であるという田口の考えがある。田口には自分と同じ年代の人やそれより若い人がどう関わってくれるのか、問題関心を共有してくれるのかという意識があった[53]。それならば、もしなにも残らなかったのなら、後の世代へと共有されていくことは難しくなるだろう。残していくべきものは、当時のわだつみ会が押し出していた「正しい認識」に沿った体験者の語りではなく、そこへいたるまでの「精神史」であった。田口はこの点を前述の文章で次のように書いている。

> 当事者世代が「正しい認識」を語るとき、結論だけが出され、そこへ至るまでの精神史が語られないのであれば意味を持たない。「正しい認識」の陰に抑圧（ないし克服）されたものの中にこそ、次代へ伝えるべき事実がある。次代の責任意識を豊かにする鍵がある。「わだつみ会」のような団体がこの時代に存在する意義があるとすれば、それは、この問題をめぐる当事者世代と戦後世代との容易ならざる議論を残すことだ。それができなければ、会はアジアの被害者と向き合うことができない[54]［傍点はママ］。

田口は、一種の「挑発的」な記述や語りを体験者に対してしていくことで、体験者の語りの定型化を崩し、議論を生起させようとした。そして、それは次代のために必要なことであった。さらに、そうした議論を記述し資料に残していくことが重要であった。

「議論」をしていくことは、若い世代が使う加害や責任の意味を考え直すことでもあった。田口は「私たちは責任と言うことを言いますけれども、そこ（注：体験者の想い）を知らずして責任を言うことは非常に意味が軽くなってしまう」だろうとし、議論をしてわだつみ会の機関誌に投稿することを促している。(55) そして、自分への反論をもとめて、もし反論がなければ、「私たち後の若い世代」は「軽々しく責任」ということを言い続けると警鐘を鳴らしている。田口において、議論を残していくことは、次代のためでもあり、また、みずからの世代が軽々しく使う責任や加害を考え直すことであった。「戦争体験」は聞き手がただ聞くだけではなく、語り手に応答し議論をしていくことが重要だったのである。議論をし資料に残すことが自世代や次代にとっても、自己を問い直すものにもなると田口は考えていった。

このように、田口が資料に残すことを志向した基点には、二つのことが触媒とされていた。ひとつはドイツの市民運動家との出会いである。「実務的なことでドイツに行ったときに、八八年、壁の崩壊の前の年ですね。ドイツの市民運動の方、彼らはたくさん記録を残すんです。とにかく、書け、書いて残せ、あとで走ってくる人びとに引き継いでいける」と、資料を残すことで人びとに伝承するということを、ドイツの市民運動家から田口は学んでいた。(56)

もうひとつはベ平連の影響である。「ベ平連ですね。ベ平連が全部いろんな議論してたと思う。吉川勇一さんなどが全部資料残したりして、ベ平連の運動が終わったあとで資料集とか（を残している）。この時期にこの人がこういう方向で書いていたと整理してくださっていた。（中略）こういうことやらなきゃいけないんだなというのは、吉川さんから学びましたね」と、ベ平連、とくに吉川勇一の取り組みに触発を受けていた。(57)

これらの経験が基点となり、田口は話すだけではなく文字にして残すことを志向していった。資料にすることは、その場のコミュニケーションで完結させずに、そこにいなかった人びとにも共有すること、また、こうした取り組みや議論、営為があったことを知ってもらうことでもある。それはわだつみ会においても同じであり、だからこそ理事会で話すだけではなく資料という形で残そうとしたのである。

だから、理事会とかで話していいんですけど、（それだと）記録に残らないので、ちゃんと細かく文字にして残さなきゃいけないというのは一番考えてたことですね。(58)

田口は『わだつみのこえ』などで記述していくことで、議論を資料として残していこうとした。一九九五年の『わだつみのこえ』一〇一号の特集「学徒兵を含む民衆の戦争責任をめぐって」を田口が提起したのには、わだつみ会の「公式見解」に違和感を持つ人びとの感情を議論として残す目的があり、それは「戦争体験」の継承にも重要であると考えていたからであった。

最終的な答えとしてどういう立場をわだつみ会がとるかではなくて、その間に、その一個の答えにまとまる以前に、たぶんその答えに違和感を持つ人もたくさんおり、それがちゃんと残されて生かされていないと、戦争体験を継承するとか伝承するとか言ってる会としてはよろしくないだろうという感じでした。だって、同じことはわだつみ会じゃなくても言えますから。わだつみ会じゃないと言えないこととか、わからないことはあるはずなので。そこが議論のなかで見えてくればよかったなというのがもともとの意図だったんです。(59)

わだつみ会としてのひとつの答えがまとまってしまう前に存在している、個々の人びとの違和感、割り切れない感情を議論として残すことが、「戦争体験」の継承においてなくてはならないと田口は考えていた。

そして、田口が『戦後世代の戦争責任』という本を書いた理由は、出会った人びとの感情を残すことにあった。人びとの想いが消えてしまうことを田口は見過ごすことができなかったのである。本を書いたことは、現在の自分たちの行為を意味のあるものとして、何十年後にも残していくことであり、引き継いでいくことでもあった。(60)

また、体験者と出会うことで、田口の戦争責任の考え方も変わっていった。体験者と出会う前は、戦後補償などの行動をしていくことが戦後世代の戦争責任であると田口は考えていた。しかし、加害者や被害者と簡単に分けることのできない体験者と接することにより、その人たちの考えを引き継いでいくことも戦後世代としての戦争責任と認識していったのである。

わりと戦争責任っていうと、結構抽象的な意識の問題としてしかこう議論されなかった側面もあったような印象があって、ぼくらは戦後補償の運動があったので、そこで具体的になにかできることがあったというのが、大きな時代的な違いだったと思うんですね。それ以前の七〇年代までとは違って。そこで何か自分が具体的に動いてするのが責任だろうと思い、動いていき、動いていくうちに、とくにぼくはBC級戦犯の問題とかかわったので、一〇〇％の被害者といえない人たちと出会うなかで、自分の責任と向き合うような被害者と出会って、この人たちの考えてきたこととか、感じてきたこととか、引き継いでいくのもひとつの責任だろうなと。(61)

体験者との出会いにより、体験者の感じたことを引き継いでいくことも戦争責任であると田口は考えるようになった。田口にとって引き継ぐとは体験者の感情や痛みを資料として残すことでもあった。

四　おわりに

田口は体験者の語りに触れることで、加害と簡単に断じてしまうことへの危惧を感じた。さまざまな運動や朝鮮人ＢＣ級戦犯と関わることで戦後世代の責任を考え、そして語りの定型化への懸念、資料を残していくことを志向していった。これは「正解」としての「正しい」語りを残すのではなく、「問い」としての議論を残すことでもあった。(62)

田口はわだつみ会や朝鮮人ＢＣ級戦犯の体験者と触れ合うことで、「戦争体験」は、ただ体験者からなされる語りや記述でもなく、また、ただ非体験者の聞き手や読み手が受容していくものでもなくなっていった。体験者の「戦争体験」も、聞き手や読み手が求めるものに定型化される恐れがあり、その体験者を取りまく団体や人びとの語りや記述に影響を受ける。田口は体験者との交流前は、「戦争体験」に関して「学校で教えられるような権力関係」がある「一方的」なもので、「双方向」にならないものという印象を持っていた。(63)しかし、体験者との交流を通して、田口は非体験者の聞き手や読み手が「戦争体験」をただ受容するのではなく、そこから疑問に思ったことを体験者にぶつけて議論をしていくことを重視していった。

田口の戦争責任の批判は体験者の語りの定型化を崩そうとするものであった。また、体験者と議論をしていくなかで、みずからの戦争責任、体験者の想いを引き継いでいくことも戦争責任と考えるようになっていった。

第四章　わだつみのこえ記念館の設立過程と現在
――繋ぐ場所としての記念館

一　はじめに

亡くなった学生たちの遺書は人びとにさまざまな感情を惹起させるものであるだろう。それは、同情であるかもしれないし、共感であるかもしれず、また悔恨であるかもしれない。そして、そうした感情は時代によっても左右される。確認してきたように、一九五〇年ごろに『きけわだつみのこえ』が若い世代に広く読まれた背景には、日本がまた戦争に巻き込まれて、学生がふたたび戦場に送られるのではないかという危機感が大きな要因であった。

では、現代の学生が『きけわだつみのこえ』を読んだ場合にどのような感情が喚起されるだろうか。だが、感情が喚起される前に考慮したい点がある。八〇年近く前に書かれた文章を学生がうまく読み込めるのかという点である。これは学生に限らず、非戦争体験者が『きけわだつみのこえ』をどの程度読むことができるのかという問題でもある。

難しい文体でもあるし、時代状況も違うので、普通の文章とは読む難しさが変わってくる。時代が進めば、文章の書き方も変わっているため、年代が経てば経つほど昔の文章を読む難しさは上がっていく。それをふまえると、いまの人びとは以前の人びとと同じように『きけわだつみのこえ』を読んだときに共感などを引

図６　わだつみのこえ記念館内（著者撮影）

き起こすことができるのだろうか。朝鮮戦争が起こり、アジア・太平洋戦争後からまだ五年しか経っていない一九五〇年に読んだときの共感とはやはり異なってくるだろう。その時代に読んだ若い世代は、自分たちが徴兵されて戦場に送り込まれるかもしれないという不安が鬼気迫ったものとして感じられただろう。

わだつみのこえ記念館は戦没学徒の遺稿・遺品を保存し、継承する場所である。ただ、その継承の仕方はいままでのわだつみ会のものとは異なっている。

本章では、二〇〇六年に設立されたわだつみのこえ記念館を対象に分析を進める。

わだつみのこえ記念館は、わだつみ会とは別組織であり、戦没学徒の遺稿や遺品が展示されている施設である。[1] 本郷にある東京大学のそばに立地している。マンションの一室を繰りぬいた二階建てであり、一階には事務所と図書室があり、二階には戦没学徒の遺稿や遺品が展示され、展示方法は戦時の時勢の流れに沿う形式になっている。戦没学徒の派兵地域にも合わせて配置がなされており、朝鮮人学徒兵に関係する展示もされている。

わだつみのこえ記念館は平和博物館に分類することができるだろう。平和博物館の歴史を体系的にまとめている福島在行によれば、日本の平和博物館の定義や枠組みは、ガルトゥングの流れを汲む平和学的な枠組みという観点と、「戦争体験の継承」という観点があるという。(2) 福島は平和博物館を考える際に「戦争体験」の継承に着目しており、「戦争体験」の継承の潮流として第二次わだつみ会をあげている。(3) これをふまえれば、「戦争体験」の継承の潮流であるわだつみ会から敷衍して設立された、わだつみのこえ記念館を対象とすることは「戦争体験」の継承の変遷を明らかにしていくことでもあるだろう。(4)

先行研究がおこなわれた時期を確認すると、保阪（一九九九［二〇二〇］）や赤澤（二〇〇二）の研究はわだつみのこえ記念館の設立以前であるため、わだつみのこえ記念館には言及がなされていない。(5) 設立後の研究でもある福間（二〇〇九）や門脇（二〇一七）もわだつみのこえ記念館にはふれられていない。これは先行研究の関心がわだつみのこえ記念館ではなかったことも関係しているが、先行研究がわだつみのこえ記念館を、資料を収集・保管する「わだつみ会の記念館」としてしか認識していないこともあるだろう。わだつみのこえ記念館の設立の過程自体も分析する必要がある。

前章までで確認してきたように、「わだつみ」は時代が経るにつれて、以前よりは求心力が落ちていた。前なら『きけわだつみのこえ』を読めば伝わったが、読んでも伝わらない世代が増えてきたのである。そして、現代では『きけわだつみのこえ』を読む以前に、その存在を知らない人びとも多くなっているだろう。つまり、以前ならば、「戦没学徒」という言葉を聞けば「わだつみ」を想起するように、「戦没学徒」と「わだつみ」はすぐに結びつくものであったが、現在ではそうではなくなっているのだ。「戦没学徒」という言葉自体もなにを指すのかわからない人びとのほうが多いだろう。戦争で亡くなった学生と補足することで

「戦没学徒」の意味を理解できる人が現代では多いかもしれない。

　では、そうした現代において、「わだつみ」に触れる場所であるわだつみのこえ記念館があることはどのような意味を持つのだろうか。わだつみのこえ記念館をみていくことは、「戦争体験」の継承がどのように変容しているか、おこなわれているかを明らかにすることでもある。

二　第一次わだつみ会と第二次わだつみ会における記念館構想

まず、第一次わだつみ会において、記念館がどのような位置づけであったのかを確認したい。第一次は当初は事業団体として開始されていた。第一次は、「『わだつみ』記念事業について」において、「財団法人日本戦没学生記念事業会」を結成し「具体的な事業」を通して平和への意志をまとめていきたいと書いており、五つの事業予定をあげている。①慰霊祭・音楽会・講演会、②映画、③音楽作製、④記念碑建設、⑤記念会館である。記念館事業は⑤記念会館に該当するであろう。第一次はのちに「行動団体」「運動団体」となるが、当初は事業団体として始まり、その事業の一環に記念館事業が含まれていたのである。つまり、当初の第一次わだつみ会は事業団体であったために、その事業のなかのひとつとして記念館は捉えられていた。ただ、のちに第一次が学生中心の活動になったことで、記念館事業は立ち消えとなったのである。

　第二次わだつみ会においても記念館設立の動きはあった。第二次の動きとしてあげられるのが、一九七〇年の「わだつみ記念館設立の提案」であろう。そこでは、手記を集めてさまざまな遺品とともに永久保存とし展示をすることで、戦没学生の遺念を語らせることは時宜を得たことだと書かれている。(6) この記念館構想は遺族との交流から生まれたものであった。第二次は「戦中派」を中心に「思想団体」として始まった時期である。「戦中派」は第一次わだつみ会では疎遠になってしまった遺族とふたたび交流をもとうと、戦没学徒への墓参りなどによって遺族と親睦を深めてきた。そうしたなかで戦没学徒の手記や遺品を保存する場所が必要と考えられたのである。ただこれはあくまで構想でありここから具体化することはなかった。なぜなら当時の「戦中派」は五〇代で忙しい時期であり、記念館設立のために割く時間がなかったからであった。(7)第二次では遺族との交流から遺書を保存する必要性を感じ、記念館設立を提起していくことになった。

記念館構想の発端は第一次わだつみ会と第二次わだつみ会にあり、またそれは各時期の特色が出たものであった。事業団体として活動していた第一次では事業の一環として、「思想団体」として再出発した第二次では遺族との交流から記念館構想へといたった。このように、記念館という場所をつくろうとすることにも、各時期によってそこにいたるまでの要因は異なったのである。

三　一九九〇年代における記念館構想

一九九〇年代の「わだつみ記念館」の設立の動きは、政府主催の「戦没者追悼平和祈念館」の建設が進められたことへの危機感の現れでもあった。政府のものだけではなく、民間の施設も必要であるという意識からも「わだつみ記念館」が構想された。

第一次わだつみ会のころから記念館構想があったように、一九九三年にその構想が具体化する前からわだつみ会でも記念館の話題は出ていた。一九八九年に沖縄でひめゆり平和祈念資料館が開館したことを受けて、わだつみ会でも「平和記念館」が企画された。[8] これには若い世代に「戦争体験」を伝える際に、活字のみでなくさまざまな媒体が必要であり、それによってわだつみ会員の若年化を図りたいという意図もあった。[9] また、会員のアンケートからもわだつみ会の平和記念館や平和資料館設立の要望があったことがわかる。[10]

第二章で確認したわだつみ会の組織の自覚も記念館構想と関連していた。一九八〇年代まではわだつみ会の事務所は、基本的に事務局長の自宅が事務所となっており、わだつみ会への郵送物はその自宅に送られるようになっていた。それが九〇年代初頭から他団体との交流が増え、会の活動が拡大し、「組織的に運営する必要」が生じたことで、会として事務所を借りるようになったのである。[11] 事務所を構え、組織的に運営していくようにしたことは、わだつみ会で記念館を設立、運営していく下地になった。

第一次わだつみ会の事業に記念館事業があったことは、一九九三年の学徒出陣五〇周年を契機にそれを実現しようという機運につながった。一九九三年一月一五日の理事会では、五〇周年への取り組みについての提案としておもに次の四つがあげられていた。すなわち、①学徒出陣五〇周年にあたっての声明、②記念出版物、③講演会・パネル展示・映画上映、④記念集会である。ここでは記念館構想はあげられていないが、それらを補足する※の箇所において記念館構想がふれられている。そこでは「会設立以来の宿題」である「わだつみ記念館（仮称）」もこの機会を逃すと不可能になるとし、実現に向け積極的に可能性を検討すると書かれている。[12] 記念館構想は金銭や場所などの問題から実現が難しいものであったが、一九九三年という学徒出陣五〇周年にわだつみ会の一種の悲願として実現が目指されたのである。

そして、一九九三年四月の常任理事会で「わだつみ記念館」建設委員会が設置され、初会合がもたれた。[13]「わだつみ記念館建設委員会の発足」の文章では、『きけわだつみのこえ』に収録された手記に加え、戦没学生の遺稿・遺品などを永久に保存し、関連するさまざまな資料を蒐集して、「戦没学生の遺念を語らせること」はわだつみ会が結成されたときからの宿願と書かれている。

「わだつみ記念館」構想が具体化していったのは、『東京新聞』に「わだつみ記念館」構想が掲載されわだつみ会の外にも認知されたこととも関係していた。一九九三年五月一一日に『東京新聞』で、自衛隊派遣への反対声明を出すわだつみ会の特集が組まれた。そのなかでわだつみ会は「わだつみ記念館」の設立を決定したとし、政府の「戦没者追悼平和祈念館」に対して、民間として戦争の悲惨さを伝える施設にしていきたいと伝えたのである。「わだつみ記念館」構想記事の二日後に「わだつみ記念館」設立のためのお金が会員でない人びとから送られてきたことで、わだつみ会の口座とは別に「わだつみ記念館基金」口座を開設して記者会見に備えた(14)。

一九九三年八月一五日に「わだつみ会八・一五の集い」に先立って、声明「一九九三年夏、戦争記念行事を考える」の発表記者会見と「わだつみ記念館の設立を！」のリーフレットが配布された（日本戦没学生記念会一九九三b：一二五）。そのリーフレットには「わだつみ記念館」の概要が以下のように記載されている。

■十五年戦争における日本の戦没学生を中心に、彼我あらゆる戦争犠牲者に関する資料（遺稿・遺品などの原資料、活字・映像資料その他）を広く収集します。

■戦争体験の真の意味を理解し、戦争責任を明らかにしようとする立場から、国内の各種資料（政治・経済・軍事・教育など）とともに、国際的にも、当時の交戦国や日本が侵略したアジア・太平洋地域から資料を収集します。

■資料を系統的に保存するとともに、志を同じくする教育者・研究者の利用に供し、研究会の組織・その成果の公刊などにも積極的に努力します。
■「わだつみの悲劇を繰り返さない」誓いを後世に伝えていく教育の場として、常時展示を行い、また、必要に応じて、特別展示を企画します。
■前項の趣旨に従って図書室を開放するほか、会議室などのスペースを反戦平和のため一般の利用に供します。

そして、リーフレットには「今なぜ　わだつみ記念館か」という設立趣旨も書かれており、一九九〇年代の「行動団体」としてのわだつみ会の側面も反映されていた。リーフレットでは、わだつみ会は学徒兵が「犠牲者」の側面だけではなく、植民地・占領地における「加害者」の側面も見つめなければならないことを痛感し、とくに台湾人・朝鮮人学徒兵の問題が意識から抜け落ちていたことは「最大の反省点」であると述べられている。また、以前では「日本人学徒兵の体験」のみに限局した記念館の構想になったかもしれないが、「会の歩み」によって「体験それ自体を完結したものとしてとらえてはならないこと」を学んだと書かれており、「開かれたもの」として「幾千万戦争犠牲者の体験」を語る資料とともに並べなければならないとも主張されていた。

「わだつみ記念館」の構想はそれ自体が「行動」であり、「わだつみ記念館」が完成した場合には、その場所は「平和運動の拠点」となり得ると捉えられた。(15) つまり、当初の「わだつみ記念館」はわだつみ会の「行動団体」としての基盤であり、各運動が連携をできる「行動」の場所とも考えられていた。

「わだつみ記念館」構想は、わだつみ会と外部の人びとをつなぐものにもなった。この時期、わだつみ会は学徒出陣五〇周年のイベントを実施したり、岩波書店から『学徒出陣』を出版したりするなど、メディアでも露出が多かった。そのなかで「わだつみ記念館」構想を発表したことで、会員ではない人びとの協力、支持があった。(16) 記念館設立のための送金は二ヵ月半で一千万円を越える目途がつくほどであった。(17) そして、一九九四年には会員が初めて三〇〇人台を突破し、さらには三三〇名にまで迫るほどであった。(18) 学徒出陣五〇周年やPKO協力法による海外派兵への反対など、平和運動が盛りあがったなかで「わだつみ記念館」構想が受容されていったのである（わだつみ記念館建設委員会 一九九四：三）。この時期において、「わだつみ記念館」構想はわだつみ会の「行動団体」の方針と相まってわだつみ会を大きくする一因となった。

一九九四年一二月には、わだつみ会の事務所のなかに「わだつみ記念室」が開室した。(19)「わだつみ記念室開設宣言」では、上記で確認したように、「わだつみ記念館」構想そのものがわだつみ会の「行動」と捉えられていた。(20) この宣言では、記念室の目的を第一の使命は資料の散逸を防ぎ、調査・研究活動に着手することを使命としながらも、「二十一世紀の平和運動の拠点」への第一歩でもあるとされた。(21)

四　「わだつみのこえ記念館」設立へ

一九九〇年代に「わだつみ記念館」設立は叶わなかったものの、二〇〇〇年代に入っても継続をしてその実現に向けてわだつみ会は活動した。

二〇〇二年の『わだつみのこえ』一一六号の巻頭言「『わだつみ記念館』の実現にむけて」で、当時のわだつみ会の理事長の岡田裕之は、いまの日本の平和記念施設にはない特別な特徴として「わだつみ記念館」の意義を二つあげている。第一には、戦没学生の遺した文書記録は、たんなる被害の記録ではなく、「戦争に敗れた日本が平和・民主・人権・文化に生きるべき方向を先取りしていた記録」であるということである。[22]岡田は「わだつみ記念館」は文書史料館であると留保しながらも、戦争の悲惨の記録にとどまらず、「戦争に対する抵抗と平和への行動を促す記念施設」であるとしている。[23]第二に「わだつみ記念館」が五〇年にわたる平和運動、「わだつみ運動」の記録と不可分の資料館であることである。[24]

また、岡田はわだつみ会は「わだつみ運動」から二つの認識を学んだとする（岡田裕之 前掲：三）。ひとつは戦没学生の悲劇をエリートの悲運ではなく国民全体の悲劇とみなすこと、もうひとつは戦没学生が戦った相手側の死者と日本が侵略したアジア諸国民に与えた損害「加害」を併せて理解する必要があることである。そして、この二つの認識も「わだつみ記念館」の特徴であり、もし設立されれば、「戦争体験の継承」と「歴史の思想化」に有用であると書かれている。[25]

四—一　遺書・遺品展

わだつみ会は「わだつみ記念館」設立のために、二〇〇一—二〇〇二年に遺書・遺品展を開催している。これは、設立予定の記念館に展示する遺書を集めるための展示会でもあった。二〇〇一年に『平和の世紀へ遺書・遺品展——戦没青年とともに生きる——』を関西で開催し成功を収め、それを受けて二〇〇二年には東京で『平和への遺書・遺品展——戦没青年との対話——』が開催された。[26]わだつみ会は一九六四年にも遺書・遺品展を東京で開催しており、まず一九六四年の遺書・遺品展がどのような意味を持ったのかを確認したい。

わだつみ会は一九六四年に銀座松屋百貨店で岩手県農村文化懇談会と「平和への遺書展」を共催した。(27) 今から四〇年前のこの遺書展では、二〇〇〇年代の遺書展とは意味合いが異なっている。『きけわだつみのこえ』や『戦没農民兵士の手紙』などを「日本国民の貴重な記念碑」としてあげ、「二度とくりかえしてはならないあのなまなましい戦争体験」を「日本国民はどれだけ正しく生かしている」かと問い、遺書・遺品の展示を通して「日本国民の人間的な立ちなおりを確認（傍点はママ）」したいと述べられている。(28) もちろん、これは銀座松屋百貨店の企画者や岩手県農村文化懇談会との共同の文章であることに留意は必要だが、ここからは二つのことがわかるだろう。ひとつは当時の社会において『きけわだつみのこえ』などの遺稿集を知っている人がマジョリティを占めているという認識が前提とされていたこと、もうひとつは遺書・遺品は体験者がみずからの「戦争体験」を振り返るものとして捉えられている点である。一九六四年という時期は、戦後生まれの最年長の世代が一九歳あたりであった。この遺書・遺品展では、そうした「戦争体験」を持たない非体験者へ向けて開催されたものというよりは、「戦争体験」を持っている体験者へ向けて開催されたものであった。当時、体験者がまだマジョリティであった時代において、遺書・遺品展は学徒兵や農民兵士を忘却させないようにするという視点が強かったのである。

一方で、二〇〇一－二〇〇二年の遺書・遺品展は、前述したように、「わだつみ記念館」に展示するための遺書・遺品の収集であった。一九六四年と二〇〇〇年代の遺書・遺品展の差異は、社会における体験者の数、遺書・遺品展の展示する意味、モノの収集の目的などが関係していた。一九六四年のものは学徒兵を忘却させないようにするものであったが、二〇〇〇年代のものは学徒兵を思い出してもらう、知ってもらおうとするものであった。実際に、来場した若い世代では学徒出陣、朝鮮人の戦争動員などの歴史的事実をはじめて知ったという人もいた。[29]

そして、この遺書・遺品展ではモノの力が強く発揮された。六歳の子どもと訪れた人は子どもが遺書、遺品を見ながら自分なりに整理しているのを見てその感性に驚き、「目で見て、戦没者の声をきいてほしい」と強く思ったと書いている。[30] また、三〇歳の教員の男性は「理屈でなく感覚で学ぶ」にはモノが一番であると言い、生の遺品にふれることで遠い昔でないように思われたと述べている。[31] このように、若い世代にはモノがより希求されるようになっていったのである。

四－二　わだつみのこえ記念館の方向性

遺書・遺品展もおこない、展示をするモノが集まってくると、「わだつみ記念館」の設立が現実味を帯びていった。わだつみ会の「二〇〇四～二〇〇五年事業計画（活動方針）」をみると、「わだつみ記念館」について以下のように書かれている。

『記念館』はＮＰＯ法人化をめざし、任意団体の会本体とは別個の組織となるが、事実上会が運営主体とならなければならない。そのためには会事務所を併設すると共に、事業の採算性を確保して充実した企画を実施しなければならず、会のこれまでの活動との調整が必要となる。六〇年代以来の定型化した会の活動と記念館活動をいかに組み合わせるかが新しい課題となる。[32]

『わだつみ記念館』は当初は「わだつみ運動」の各世代の交流の場としても捉えられていたのである。(33)

わだつみのこえ記念館は二〇〇六年に東京大学近くの赤門アビタシオン内に開館した。わだつみのこえ記念館は、わだつみ会とは別組織の二〇〇五年に法人登記された「現・特定非営利活動法人 わだつみのこえ記念館」によって運営されている。しかし、仮称であった「わだつみ記念館」が「わだつみのこえ記念館」に名称変更されたことからもわかるように、わだつみ会の記念館ではなく、遺稿集『きけわだつみのこえ』を意識した記念館となっている。実際にわだつみのこえ記念館が発行している『記念館だより』の創刊号には以下のように記載されている。

「記念館だより」No. 1（2007. 8. 14）

わだつみのこえ記念館
記念館だより
Museum Wadatsuminokoe Newsletter
No. 1
2007. 8. 14

平和への発信基地
戦没青年との対話の館開く

運営主体は「わだつみ記念館基金」

開館した「わだつみのこえ記念館」は、二〇〇五年八月三日に設立された「特定非営利法人わだつみ記念館基金」によって運営される。この法人は、特定非営利活動促進法（平成十年三月二五日法律第七号）により法人格を与えられた社団で、東京都知事を所轄庁として登記されている。記念館設立にいたる呼びかけと建設運動、募金活動を推進してきたのは日本戦没学生記念会（わだつみ会）であるが、わだつみ会はいわゆる法律上は「人格なき社団」とされる任意団体で、団体の名で法律行為をすることができないので、記念館の施設を保全し、寄託された戦没者の遺稿・遺品をはじめ、収集される貴重な資料を保管し、研究・展示のためにこれを利用することを主目的とする法人を設立して、わだつみ会はこれまでの活動の成果をこの法人「わだつみ記念館基金」に引き継いだのである。

法人格を得た「基金」は法律上の権利義務の主体と認められ、契約を締結する当事者となり得、不動産所有についても「基金」名義で登記ができるので、記念館の運営について社会的信頼性を確保し、永続性を保証することが出来るようになった。

「わだつみのこえ記念館」はこうして、一九五〇年創立以来の「わだつみ会」の理念である「戦争を体験した世代とその体験をもたない世代との交流、協力を通して戦争責任を問い続け、平和に寄与する」趣旨をにない、「広く一般市民を対象として、徴兵・学徒出陣・特攻等の戦争の事実の伝承と、戦地・内地・疎開・空襲等の戦争体験の継承に関する資料を収集して展示して、戦争の悲劇と平和の大切さを訴え、平和の推進と国際交流と社会教育の推進に寄与することを目的とする」（「基金」定款第三条）特定非営利活動法人により運営される。もちろん、わだつみ会は今後もこの記念館を支える中心となって活動をつづける。

俳句吟行　わだつみのこえ記念館にて

図７　記念館だより 創刊号

開館した「わだつみのこえ記念館」は、二〇〇五年八月三日に設立された「特定非営利法人わだつみ記念館基金」によって運営される。この法人は、特定非営利活動促進法（平成十年三月二十五日法律第七号）により法人格を与えられた社団で、東京都知事を所轄庁として登記されている。記念館設立にいたる呼びかけと建設運動、拠金活動を推進してきたのは日本戦没学生記念会（わだつみ会）であるが、わだつみ会はいわゆる法律上は「人格なき社団」とされる任意団体で、団体の名で法律行為をすることができないので、記念館の施設を保全し、寄託された戦没者の遺稿・遺品をはじめ、収集される貴重な資料を保管し、研究・展示のためにこれを利用することを主目的とする法人を設立して、わだつみ会はこれまでの活動の成果をこの法人「わだつみ記念館基金」に引き継いだのである。(34)

開館に先立ち、基金理事会およびわだつみ会理事会で検討され、「戦没学生の手記」である「こえ」を強調し、幾千万戦争犠牲者の体験にも耳を澄ませる趣旨をこめて「わだつみのこえ記念館」と命名された。(35)

そのようななかで二〇一五年に『わだつみのこえ記念館紀要』が創刊された。すでに発行されていた年一回のわだつみのこえ記念館の『記念館だより』は紙幅の制限もあり概要にとどまっていたことから、『わだつみのこえ記念館紀要』はわだつみのこえ記念館の「活動の記録、調査・研究を発表するメディア」としても創刊された。(36)

そして、この『わだつみのこえ記念館紀要』には、わだつみのこえ記念館が遺稿集『きけわだつみのこえ』と学徒兵の重視が表れている。『わだつみのこえ記念館紀要』には、二〇一六年におこなわれた「開館十周年記念 所蔵資料特別企画展」の「特別企画展開催にあたって」のなかで、「『わだつみのこえ』をいかに聴き、戦没学生の遺念を受け止めて平和をつくるいとなみにつなげるかという課題に立ち向かってたゆまず歩んできた十年」であり、わだつみのこえ記念館は、遺稿集『きけわだつみのこえ』から学徒兵の遺念を読むことで平和へとつなげる取り組みをしているということが書かれている。(37)

わだつみのこえ記念館は遺稿というモノを展示することが「戦争体験」の継承であり、いわばモノを通して戦没学徒との交流を可能にもしていたのである。

四―三　繋ぐ場所としてのわだつみのこえ記念館

ここまで、わだつみのこえ記念館設立の過程を確認してきた。では、二〇〇六年に設立され、一五年以上経ったいま、どのような場所になっているのだろうか。ここでは、設立当初から設置されている、来館者が自由に書ける「記念館感想ノート[38]」と、二〇二二年から実施している「来館アンケート[39]」からどのような人びとが来館しているのかをみていみたい[40]。

まず、世代的に大別すれば以下の三つにわけることができる。

第一に、戦場に行った人、戦場に行く可能性が高かった人びとである。一九四三年一二月の学徒動員の一人であったという男性は戦死した友人を思い出し胸にせまってきたという[41]。また、海軍経理学校の予科生徒だった男性は戦没学徒と同じように戦死していても不思議でもなかったと記している[42]。戦友を想起すると同時に、生き残った自分について再度考えているようにも推察できる。

第二に、戦場に行った人の遺族である。叔父を戦争で亡くした人は他人事ではなく、涙なくして見れないと記す[43]。彼らは戦没学徒の遺稿・遺品を見ることで、亡くなった人びとを想起するのである。記念館は遺族と戦死者を繋ぐ場としてもあるといえるだろう。

第三に、戦没学徒と同じ世代の学生である。同じ世代の学生は戦没学徒と自分を重ね合わせる傾向がある。ある学生は二二才になったからこそ、二〇代で亡くなることの意味を感じられるようになったと述べている[44]。

わだつみのこえ記念館の目的のなかには、若い世代に伝えていくこともあった。そのために、記念館の立地は大学の近くが条件のひとつであり、それは大学生は戦没学徒と同世代で遺稿の内容も理解しやすいからであった。[45]また、マンションの一室で記念館が運営されていることも来館のしやすさに関連している。日本の平和博物館の立地を分析した木原・千代（二〇一二）は、[46]施設や建物の一室を利用した平和博物館は、徒歩や自転車でアクセスできるため、地域の人びとが訪れやすい施設になっている可能性を指摘している。[47]わだつみのこえ記念館と同じ地域に大学があることは学生をわだつみのこえ記念館へ繋げやすくする要因であった。実際に来館した学生が戦没学徒に共鳴していくことは、わだつみのこえ記念館の目的が若い世代に届いていることでもあるだろう。

次に、目的・関心で大別すれば以下にわけられる。

第一に、遺稿の現物を見たいという人びとや戦没学徒や戦争についてより知りたいと思う人びとである。『きけわだつみのこえ』に所収されている遺稿の現物を見たいという人や戦没学徒の遺稿の現物を見たいという人もおり、遺稿の現物の捉え方にも差異がある。[48]ただ、わだつみのこえ記念館が、遺稿・遺品を見たり、戦没学徒や戦争を詳しく知るための場所として受容されているのはたしかであろう。

第二に、大学の課題や組合の研修で来る人びとである。[49]わだつみのこえ記念館は本郷の東京大学の目の前に位置しており、学生も来館しやすい。また、入館料も無料のため、大学の課題や組合の研修でも使用がしやすいことも関係している。おそらく、こうした人びとは通常ならば、『きけわだつみのこえ』に触れることがないだろう。だが、わだつみのこえ記念館という場所があることで、戦没学徒という存在を知ることになるのである。わだつみのこえ記念館が戦没学徒と人びとを結ぶ触媒の一例ともいえる。

記念館感想ノートと来館アンケートにもとづいて来館者層を確認してきたが、これらは綺麗に分別できるものではなく重なるものである。ただ、このように、わだつみのこえ記念館にはさまざまな人びとが来館し、記念館から影響を受けている。

だが、影響を与えるだけではなく、わだつみのこえ記念館もさまざまな来館者が集うことで多くの影響を受けている。

わだつみ会に長年関わってきたわだつみのこえ記念館・現理事長の渡辺總子は記念館という場所について次のように述べている。

記念館を作ってからは、人と会う、会話できる喜びがある。（中略）全然知らない人たちと会話したり。それはいま運営してるなかでは、プラスで楽しみです。どうやってここを運営するかというのが一番の課題なんですけど、（中略）この場があることでいろんな人と会話して、こちらの話も伝えられるし、向こうの人から話を聞いて、知らない世界を知ることもできます。(50)

わだつみのこえ記念館によって、本来なら出会うことがなかった人びとが出会い、そこでの交流によって新たな世界を知ることができるのである。さらに、そうした出会いからさまざまな事柄を調べるということにも繋がる。

人との出会いが喜びになりますよね。何かを相談されたりして。たとえば、「自分の妻のおじさんが戦死した」と。（中略）そういうのを相談されて調べてみようかなとなる。いろいろと新しい宿題がいっぱい出てきます。[51]

交流により新たなことを調べ、知っていくことになる。こうした交流を可能にしているのは、わだつみのこえ記念館の大きさとも関係しているだろう。わだつみのこえ記念館はマンションの一室を繰りぬいた二階建てになっており、一階の事務所から来館者を目視できる大きさとなっている。来館者と事務員が気軽に話すことができる大きさである。これによって、大規模な博物館では難しい、来館者と記念館の活発な交流が可能となる。こうした交流から、来館者が学ぶだけではなく、わだつみのこえ記念館も来館者から学ぶことができるのである。

そして、そうした学びは、「わだつみ」のアーカイブにも寄与している。わだつみのこえ記念館は「わだつみ」に関する多くの資料が所蔵されている。そのなかで、渡辺は機関誌や通信など、多くの目録を作成している。こうした目録があることで、多くの人びとが「わだつみ」の歴史を追えるようになっている。ただ、目録作成にはアーカイブに関する知識、能力も必要となる。渡辺はアーカイブについて次のように述べている。

いろいろな若い人たちの動きを見てると、アーカイブとかどんどん変化してきている。そういうことがここ（わだつみのこえ記念館）にいるとキャッチできるんですよね。（中略）そういう点ではここは学問とかを重んじる人たちが多いので、アーカイブとか、どうやったら残すとか、記録の問題とか、技術の問題とか、少し耳に入ってきます。そうすると、知らないので何かをちょっと探求してみよう、知ろうという気になりますね。(52)

わだつみのこえ記念館での来館者との交流はアーカイブの知識等をキャッチすることができる一因であった。

アーカイブを残すことは社会的にも重要ではあるが、なぜそのような大変な作業をおこなおうとするのだろうか。それはわだつみ会で活動してきた生還した学徒兵たちの記録を残していくためでもあった。

活動してた人たちが亡くなってしまい、外部の人たちのさまざまな誤解もいっぱいあるわけです。だから実際にこれは残そうと。本当にいろんな人が努力をしたんですよね。（中略）それを全部見てきている。外から見ると表面的なことしか見えないけど、中にいる人間としてはちゃんと残そうと思いました。(53)

わだつみ会で活動をしてきた「戦中派」、生還学徒兵の活動を残すことで、彼らを知らない人びとも彼らが残したものに触れ、理解できるようにしたのである。そして、こうしたアーカイブを可能した要因として、わだつみのこえ記念館という場所があった。

わだつみのこえ記念館は、非戦争体験者に戦没学徒の遺稿に触れさせることで、非戦争体験者と戦没学徒を繋げている。ただ、それだけではなく、生還学徒の記録も残っていくことで、戦没学徒と生還学徒を繋げる場所としても存在しているのである。

五　おわりに

本章では、わだつみのこえ記念館の設立過程を明らかにしていった。

一九九〇年代にわだつみ会で記念館構想が生まれた背景として、政府主導の「戦没者追悼平和祈念館」の構想や、学徒出陣五〇周年でさまざまな企画がとりあげられたことがあった。

先行研究では九〇年代までの記述で留まっていることが多く、現代における「わだつみ」が照射されることはほとんどなかった。本章では、二〇〇〇年代以降の「わだつみ」をわだつみのこえ記念館という場所を中心に分析をおこなった。わだつみのこえ記念館は、来館者が展示をみるだけではなく、記念館側と交流できる場所でも、そうした交流は「わだつみ」のアーカイブがより充実していく一因でもあった。

終章　結論と今後の課題

一　結論と得られた知見

一―一　第一次わだつみ会の認識とその方向性

第一章では第一次わだつみ会から第三次わだつみ会を対象に、わだつみ会を会員がどう認識していったのかという視点から、わだつみ会の方向性について検討した。まず、第一次の解散要因について検討をした。第一次は、現在の資料や会員の語りでは党派的な運動が原因となって瓦解したという認識が強かった。こうした認識の形成には、第二次わだつみ会の方向性が関係をしていた。第二次は「行動」「運動」をしない「思想団体」として出発していた。第二次は第一次の衰退要因を党派的な運動が原因だったとして、第一次のような「行動団体」「運動団体」にならないために、「思想団体」を掲げたのである。だが、党派性の問題は第一次の解散要因であったものの、それはあくまで数ある解散要因のひとつであった。第二次が「思想団体」として「思想」を重視していったことで会員の第一次の認識もそれに沿ったものになっていったのである。

第二次わだつみ会の「行動」をしない「思想団体」の方針は、政治的・社会的問題にどう関わるのかという批判を受けることになった。そこでわだつみ会は「思想団体」でありながら「行動」をできるように変容していったのである。第三次わだつみ会では「天皇問題」特集をおこなうようになり、それによってさらに同会が対象とできる事象の射程が拡大していった。「天皇問題」特集によって、読者が増加し、会員ではない雑誌だけを購読する読者が増えていった。そのことで、わだつみ会の学徒兵を記念するという理念自体が共有されなくなっていったのである。

この章から得られた知見は、一見対立するようにみえた「思想」と「行動」が、「思想」という基盤によって「行動」を可能にしていたことである。戦争に参加している、巻き込まれるかもしれないという当事者性があるときには、「思想」はなくとも「行動」は可能であったが、当事者性が薄れてきたときに、「行動」の条件として「思想」が必要になったのである。しかし、「思想」の幅を拡張してさまざまな問題に関われるようにすることで、当事者性が薄れ、学徒兵との距離も生じていった。

一-二　規約改正と人びとの認識

第二章では、一九八〇年代の第三次わだつみ会を規約改正という視点から、どのように同会で加害者性が主題化していったのかを明らかにした。わだつみ会が会内外の情勢をふまえて、みずからの方向性も再考していった時期であった。この時期に社会で大きく取りあげられたものとして教科書問題がある。教科書問題は誤報ではあったものの、これによって日本社会において加害者性が意識をされるようになっていった。そして、若い世代を中心としたピースボートの台頭もあった。わだつみ会は若い世代を同会に入れるために、みずからの方向性そのものを考えていく必要があった。若い世代との交流を目的としたフォーラム「いま『わだつみ』を読みなおす」で若い世代から批判を受けたことから、同会の方向性を再考するようになっていった。規約改正に「戦争責任」の文言を入れることで、社会的・政治的問題に関われるようにしていった。わだつみ会は規約改正によって実質的に「行動団体」を志向していったのである。この章からわかったことは、第二次わだつみ会の方向性が三〇年近く経過しても影響力を持っていたということである

資料は人びとの当時の認識を表すと同時に、現在の認識にも影響を与える。資料の生成や運用を考察していくことは、人びとがなにを歴史として認識しているか、そしてなにを歴史として認識していったのかを明らかにすることである。

一-三　「戦争体験」の記述と語り

第三章では、一九八〇年代後半から九〇年代にかけてわだつみ会に積極的に参加した田口裕史のライフヒストリーから、当時のわだつみ会における「戦争体験」の記述や語りがどのようなものであったかを考察した。田口は「わだつみを友人に贈る会」という遺稿集『きけわだつみのこえ』を同世代の友人に渡し平和を広げていく活動の中心メンバーであったが、当時からその活動について疑問に思う部分があった。田口は朝鮮人BC級戦犯を支援し、戦後補償の活動もおこなっていた。そうした活動から語りの定型化に疑問を持つようになり、わだつみ会の体験者の定型化した語りを崩そうとしていった。

この章から得られた知見は、媒体によって記述しやすいこと、記述しにくいことが生じたことである。機関誌『わだつみのこえ』に「論文」形式の文章が増えていったことで、体験者が感情を表出して記述するのが難しくなっていた。一方で、会員交流の場であった『わだつみ通信』は『わだつみのこえ』と比べればそうしたことが記述しやすかったのである。

体験者が資料の種類において、なにが記述しやすいのか、また記述しにくいのかを意識しながら記述をおこなっていたのである。「戦争体験」の記述を分析する場合、その内容だけではなく、記述された媒体などに着目をして読んでいく必要があった。

書き手の記述の変化を時代という「時間」のみを対象とするのではなく、同時代の資料の差異という「媒体」にも着目する必要があることを明らかにした。いつ記述されたのかだけではなく、なにに記述されたのかを確認していくことも「戦争体験」研究において肝要となる。時代状況やわだつみ会の方向性によって、体験者の「戦争体験」の記述や語りが変容したことや、記述できること／記述できないことを明らかにした点で「戦争体験」研究にも寄与できたと考える。

一 - 四　「戦争体験」の継承

わだつみ会における「戦争体験」の継承の営みも明らかにした。従来のわだつみ会は体験者と非体験者が交流を通して平和に寄与していくことが「戦争体験」の継承と捉えられていた。だが、第二次わだつみ会では「戦中派」と「戦後派」の対立もあり、「戦争体験」の継承という面からみれば必ずしも上手くはいかなかった。一九八〇年代後半の第三次わだつみ会では、若い世代を入会させるために規約改正により実質的に行動団体化をしていった。一九九〇年代の第四次わだつみ会は会員数が三〇〇人を超えるときもあり、政治的な問題に関わっていく「行動団体」の方針が功を奏した形となった。そのなかで体験者は自身の加害者性を言及して「戦争体験」を語るようになっていた。しかし、第三章でとりあげた田口裕史は体験者が「戦争体験」を語る際に自身の加害に言及するという、語りの定型化が起きていることを危惧した。田口はそうした定型化を崩そうとするために、体験者と議論をしそれを資料として残していくことを「戦争体験」の継承と捉えた。

本書では、非体験者の継承の担い手がその営みにおいて、彼らが所属している集団の歴史をふまえて、継承をどう捉えているかを明らかにした点で意義がある。わだつみ会という基軸において、継承の営みは「思想」と「行動」という問題にも関わっていた。

二　今後の課題と展望

二－一　歴史学と社会学の戦争研究

本書では歴史社会学の枠組みで分析をおこなった。ただ、序章でも確認したように、歴史社会学は社会史の影響を受けており、歴史社会学と社会史の関係、さらには歴史社会学と歴史学の関係も丹念に追っていく必要がある。また、各分野の戦争研究の差異にも着目する必要があるだろう。序章では社会学の戦争研究を一九八〇年代ごろまで確認したが、九〇年代以降は大きな括りでの戦争研究を概観した。今回は九〇年代以降の戦争研究という形で長いスパンでまとめたが、二〇〇〇年代や二〇一〇年代の研究も丁寧に分類していく必要がある。歴史学と社会学、他分野が合流していく過程も明らかにするのも課題であろう。各時期を詳細にみていくことは、各分野の戦争研究がどのように交わり、また相互に影響を与えていったのかを明らかにすることでもある。

二‐二　わだつみ会と戦争責任論

本書では、戦争責任論からのわだつみ会の位置づけをおこなえていない。とくに、第三次以降のわだつみ会では、加害が着目され戦争責任の議論がよりクローズアップされた時期である。赤澤（二〇〇二）は第二次わだつみ会を対象に「戦争体験」と戦争責任の関係についても論じており、第三次以降においても「戦争体験」と戦争責任の関係を明らかにしていくことは課題となる。

それと同時に、戦争責任論でわだつみ会がどう捉えられているのかも重要である。戦争責任論の変遷をまとめた松浦勉（二〇一六）は、侵略戦争に関わった「日本人」の責任を追及したわだつみ会による一九九五年の声明をとりあげ、わだつみ会が民衆の戦争責任を追及したことを評価している（松浦 二〇一六：二〇二）。ただ、本書で明らかにしたが、わだつみ会がその声明を出すにいたる過程が重要であり、また、田口のように、わだつみ会がひとつの見解を出すことで体験者の語りに影響を与えてしまうことへの危惧を抱く人びともいた。戦争責任論から捉えられるわだつみ会と、会員が認識しているわだつみ会の齟齬もふまえながら、戦争責任論とわだつみ会の関係を考察することが求められる。

二‐三　わだつみ会と外部の関係

わだつみ会と外部の関係を明らかにしていく必要があるだろう。本書では、基本的にわだつみ会のなかの語りや記述を対象とした。そのために、わだつみ会が会外に与えた影響への視点が薄くなっている。この会外への視点は、わだつみ会で活動をしていた人びとがそれをどう受容し、外での活動にいかに参与していったのかということである。これはわだつみ会の経験が人びとの生活に与えた影響に着目することでもある。たとえば、第二次わだつみ会では、学生が会の方針に不満を持ち離れていった。しかし、そのなかでもわだつみ会の経験をその後の活動につなげていった側面もある。本書ではとりあげなかったが、駒場わだつみ会の人びとの活動もそれにあたるだろう。体験者と非体験者の交流によって平和に寄与するというわだつみ会の活動を、当時の若い世代がどう受容し、その後の彼らの運動に関わらせていったのかも明らかにしていく必要がある。その場合、単に運動の視点だけからみるのではなく、生活の視点でみることも欠かすことができない。わだつみ会の経験を人びとが彼らの生活においてどうそれを受容し継承、変容させていったのかを考察することも課題となる。

二-四　わだつみ会と世代

本書は、世代という概念でわだつみ会を考察したため、世代を意識していない会員の認識を捨象してしまった点で問題があった。この世代という問題には二点の意味がある。

ひとつは世代概念を適用しないことからみえるわだつみ会の歴史である。本書ではジェンダーへの視座も欠けている。第三次わだつみ会は多くの女性が参加してきた時期であり、なぜ女性がその時期に多く参加をしてきたのか、またわだつみ会での女性の立ち位置はどうであったのかも分析を進める必要がある。

もうひとつは世代を意識していない会員である。第二次わだつみ会以降は世代間の議論という点で括られていたが、世代を意識していなかった会員もいたはずであり、そうした会員の記述や語りも検討をしていく必要がある。また、非体験者がマジョリティを占める現在において、「戦争体験」に関わる世代意識は以前ほど強くはなくなってきている。わだつみ会やわだつみのこえ記念館においても非体験者同士の交流が増えていくことが予想される。世代をそこまで意識をしない非体験者同士の交流を分析していくことも課題となる。

これらの課題を明らかにすることは簡単なことではない。人びとや資料と向き合いながら、ライフワークとして課題に取り組んでいきたい。

註

〈序章〉

（1）ただ、一九二八年出生者では「戦中派」とされる場合と、「戦後派」とされる場合がある。これは本人がどちらの世代を自認するかにもよるものである。

（2）本書では、「戦前派」・「戦中派」・「戦後派」・「戦無派」という世代に着目して分析を進めていく。しかし、世代論をそのまま援用することの問題もある。世代という大きな概念で括ることによって、捨象されてしまうものもあるからである。ただ、「戦争体験」を積極的に議論したわだつみ会において、世代の意識は欠かすことのできないものであった。わだつみ会においては、世代という概念を採用しないことにより、見落としてしまうものも多いのである。また、戦争研究においても、いつ出生したのかという世代の問題は不可欠なものである。本書では、世代の概念を採用しながら分析をすすめる。世代の観点から同会をみることで会員の認識もより明らかにすることができる。

（3）第三次までについては、岡田（一九九二a）をもとに作成した。本書ではわだつみ会の各時期による表記を、第一次や第二次のように漢数字でおこなう。わだつみ会では漢数字表記で書かれることが多いため、本書では漢数字による表記を採用した。

（4）門脇愛　二〇一七「一九五〇年代の新制高校生の平和運動についての一考察—第一次日本戦没学生記念会を中心に」東京大学卒業論文：一九。

（5）佐々木啓　二〇一九『「産業戦士」の時代—戦時期日本の労働力動員と支配秩序』大月書店：三〇五。

（6）赤澤史朗　二〇一七「「兵士論」とその問題点—「インテリ兵」と「農民兵士」」、赤澤史朗・北河賢三・黒川みどり・戸邉秀明編『触発する歴史学—鹿野思想史と向きあう』日本経済評論社：一八五‐二〇七。

（7）野上元　二〇一一b「テーマ別研究動向（戦争・記憶・メディア）—課題設定の時代被拘束性を越えられるか？」『社会学評論』六二（二）：二四三。

（8）大熊信行　一九七二『日本の思潮（中）—現代思想の史的展望』潮出版社：二一五。

（9）この時期の思想状況については、思想家の川本隆史（二〇〇六）によるまとめが詳しい。

（10）安田常雄　二〇〇五「「思想の科学」と戦後精神のゆくえ—戦後六〇年の「思想の科学」」『出版ニュース』二〇四七：七。

(11) 作田は一九六〇年に「戦犯受刑者の死生観について―「世紀の遺言」の分析」で遺書から戦犯受刑者の死生観を分析している。また、この研究は後述で詳しく触れる高橋三郎の助力も大きかった（作田 一九六〇：一三五）。高橋は一九六〇年に京都大学で『日本軍隊の社会学的考察』という卒業論文を提出しており、この作田の研究もこの卒業論文の参考文献を参考にしていた（作田 一九六〇、前掲：一三五）。

(12) 森岡清美 一九九〇「死のコンボイ経験世代の戦後」『社会学評論』四一（一）：九。

(13) 野上 二〇一一b、前掲：二三八。

(14) 成田龍一は高橋の研究を戦争認識研究の系譜のなかでとりあげている（成田［二〇一〇］二〇二〇：一三）。高橋の研究は九〇年代の戦争研究の先駆けともいえるものであった。

(15) 高橋三郎 一九八八a『「戦記もの」を読む―戦争体験と戦後日本社会』アカデミア出版会：一。

(16) 高橋 一九八八a、前掲：一―二。

(17) 高橋三郎 一九八八b「書評に応えて」『ソシオロジ』三三（二）：一六七―一六八。

(18) 池田義祐 一九八五「書評『共同研究・戦友会』高橋三郎編」『ソシオロジ』三〇（一）：一八四。

(19) 高橋三郎・溝部明男・高橋由典・伊藤公雄・新田光子・橋本満 一九八五「書評に応えて」『ソシオロジ』三〇（一）：一八四―一八五。

(20) 高橋三郎・溝部明男・高橋由典・伊藤公雄・新田光子・橋本満 前掲：一八四―一八五。

(21) 田中紀行 二〇〇三「現代日本における歴史社会学の特質」、鈴木幸壽・山本鎭雄・茨木竹二編『歴史社会学とマックス・ヴェーバー（上）―歴史社会学の歴史と現在』理想社：一六一。

(22) 竹内 洋 一九九五「教育社会学における歴史研究―ブームと危うさ」『教育社会学研究』五七：六。

(23) 竹内 洋 前掲：七。

(24) 竹内 洋 前掲：七。

(25) 「戦争の記憶」論の変遷については木村（二〇一九）に詳しい。木村は集合的記憶論を用いた研究について四つの分類をおこなっている。第一は集団によって表象される「戦争の記憶」を記述分析する研究、第二は空間の中で集団がおこなう「記念」を通して成立する「戦争の記憶」を記述分析する研究、第三は、前述の二つとは異なる集合的記憶論の用い方をし、個人によって想起される「戦争の記憶」を記述分析する研究、第四は空間の中で個人が行う「実践」を通して成立する「戦争の記憶」を記述分析する研究である（木村二〇一九：二五九－二六〇）。一方で、そうした集合的記憶論から意識的に距離をとる研究の展開もある（木村二〇一九：二六〇）。歴史社会学の立場から言説の歴史的な変遷に注目する野上（二〇〇六）の研究やライフストーリー論の立場から個人がみずからの人生を語る「実践」にみられる「戦略」性に注目する桜井厚（二〇一二）の研究などである。

(26) 野上　二〇一一b、前掲：二三九。

(27) フジタニタカシ著　梅森直之訳　一九九八「思想の言葉」『思想』八九〇：四。

(28) 認識への着目は、一九九〇年代になり言語論的転回など歴史認識に関わる議論がなされたことも関係している（中村政則二〇〇三：三〇）。また、西川長夫の国民国家論は日本の近代を発展段階論で捉える枠組みに言葉の視点を導入した。言葉や規範が現実を作るという視点が歴史学でも広く共有されていった時期であった（長二〇一五：一四一－一四二）。

(29) 成田龍一・吉田　裕　二〇〇五「まえがき」、倉沢愛子、杉原達、成田龍一、テッサ・モーリス－スズキ、油井大三郎、吉田裕編『岩波講座　アジア・太平洋戦争　なぜ、いまアジア・太平洋戦争か　一』岩波書店：vi－viii。

(30) 吉田　裕　［一九九五］二〇〇五『日本人の戦争観―戦後史のなかの変容』岩波書店：二五。

(31) 成田龍一　二〇一二『近現代日本史と歴史学―書き換えられてきた過去』中央公論社：二三四。また、成田は戦争認識研究の系譜として、山田宗睦編『戦争体験』（一九六六、徳間書店）や、高橋三郎『「戦記もの」を読む』（一九八八、アカデミア出版会）、吉田裕『日本人の戦争観』（二〇〇五、岩波書店）などをあげている（成田［二〇一〇］二〇二〇：一三）。

(32) 米山（二〇〇五）が指摘するように、「被爆体験」の言説を分析した先駆的な研究に、江嶋修作、春日耕夫、青木秀男による一九七七年の「広島市における「被爆体験」の社会統合機能をめぐる一研究」がある。

(33) 有末　賢　二〇一三「戦後被爆者調査の社会調査史」、浜日出夫・有末賢・竹村英樹編『被爆者調査を読む―ヒロシマ・ナガサキの継承』慶応義塾大学出版会：九。

(34) 九〇年代以降の歴史における認識の視点については、小田中（二〇〇〇）、中村政則（二〇〇三）、成田・小沢・戸邉（二〇一一）、猪原（二〇一二）、長谷川（二〇一六）などに詳しい。

(35) 油井大三郎　二〇〇六「戦争の記憶と追悼の壁―「岩波講座　アジア・太平洋戦争」の編集を終えて」『図書』六九〇：二四。

(36) 油井 前掲：二四―二五。
(37) 成田龍一 二〇一五「現代社会の中の戦争像と戦後像」、成田龍一・吉田裕編『岩波講座アジア・太平洋戦争 戦後篇 記憶と認識の中のアジア・太平洋戦争』岩波書店：六。
(38) 野上 元 二〇〇八b「地域社会と「戦争の記憶」―「戦争体験記」と「オーラル・ヒストリー」」『フォーラム現代社会学』七：六七。
(39) 赤澤史朗 前掲：二〇四。
(40) 小熊英二 二〇〇二『〈民主〉と〈愛国〉―戦後日本のナショナリズムと公共性』新曜社：二五―二六。
(41) 野上 二〇一一b、前掲：二三九。
(42) 福間良明 二〇〇九『「戦争体験」の戦後史―世代・教養・イデオロギー』中央公論社：二六八。
(43) 福間 二〇〇九、前掲：二六八。
(44) 野上 二〇一一b、前掲：二三九。
(45) 野上 元 二〇〇六『戦争体験の社会学―「兵士」という文体』弘文堂：四七。
(46) 野上 二〇一一b、前掲：二三二―二三五
(47) 道場親信（二〇〇五）も社会運動史の観点からわだつみ会にふれている。
(48)『きけわだつみのこえ』の新版の編集については、岡田裕之が丁寧な分析をおこなっている（岡田二〇〇七a、岡田二〇〇七b）。
(49) 清水 亮 二〇二二『「予科練」戦友会の社会学―戦争の記憶のかたち』新曜社：二〇九。
(50) 清水 二〇二二、前掲：二一〇。
(51) もちろん、これは必ずしも歴史社会学のみがおこなっている方法ではない。歴史社会学は社会史に影響を受けたため、社会史の方法にも拠っている。社会史から歴史社会学が受けた影響については、佐藤俊樹（一九九八）、佐藤健二（二〇〇一）に詳しい。
(52) 岸 政彦 二〇一六「質的調査とは何か」、岸政彦・石岡丈昇・丸山里美『質的社会調査の方法―他者の合理性の理解社会学』有斐閣：一九。
(53) 朴（二〇一八）は口述から資料の成立過程を分析した研究であり、本書は朴の研究方法にも準拠しながら考察をおこなっていく。
(54) 語るという行為は聞き手の存在にも影響を受ける。被爆者の語りを研究した根本雅也（二〇一八）は、体験を語る活動は聞き手の存在があってこそ成立し、語り手は聞き手に従属するとし、語り手がただ自由に語ることができるわけではないことを明らかにしている。つまり、どんな語りが多いか／少ないかは、語り手がどういった社会関係下で語っているのかを明らかにすることである。

（55）佐藤卓己　二〇〇九『歴史学』岩波書店：八八－九〇。

（56）佐藤健二　二〇〇一『歴史社会学の作法―戦後社会科学批判』岩波書店：三九－四三。

（57）語りの分析方法として、ライフストーリーという優れた方法もあるが本書では採用しなかった。

（58）角田　燎　二〇二四『陸軍将校たちの戦後史：「陸軍の反省」から「歴史修正主義」への変容』新曜社：一七五。

（59）日本のオーラルヒストリーの展開については蘭（二〇一五、二〇二三）に詳しい。

（60）二〇〇〇年代では、個人によって語られる過去の出来事の記憶を調査する手法についての検討が進められた（木村二〇一九：二五六）。

（61）Portelli, Alessandro, 1991, The Death of Luigi Trastulli and Other Stories: Form and Meaning in Oral History. New York: State University of New York Press.（朴沙羅訳　二〇一六『オーラルヒストリーとは何か』水声社：九四）

（62）朴　沙羅［二〇一五］二〇一六「訳者あとがき」、アレッサンドロ・ポルテッリ著、朴沙羅訳『オーラルヒストリーとは何か』水声社：四四七－四四八。

（63）朴によってPortelli（二〇一六）は翻訳されており、朴のオーラルヒストリー研究の論考も含めて、日本のオーラルヒストリー研究へ寄与は大きい。また、Portelliの方法を用いて、執筆された朴の『外国人をつくりだす―戦後日本における「密航」と入国管理制度の運用』（二〇一七、ナカニシヤ出版）は、オーラルヒストリーによる歴史の描き方として参考になる部分が多い。

（64）清水亮の研究は、制度や経営、ネットワークなど、アソシエーションの面から戦友会を分析している。「負い目」という点ではなく、生活者としての視点などから戦友会を考察した点で、戦争研究においても清水の寄与するところは大きい。

〈第一章〉

（1）古山洋三　一九七〇a「わだつみの実像と虚像」『朝日ジャーナル』一二（六）：三一。

（2）桜井恒次　一九八一「生き残ったものは何をすべきか」、桜井恒次遺稿集編集委員会編『桜井恒次』桜井恒次遺稿集編集委員会：一四八－一五〇。

（3）高橋陽一　一九九七「五〇年の生協の歩み 東大生協史資料室だより 第一六回 きけわだつみのこえ」『生協ニュース』六四〇。

（4）古山　一九七〇a、前掲：三一－三三

（5）東京大学出版会　二〇〇一『東京大学出版会　五〇年の歩み』東京大学出版会：一〇。

（6）高橋陽一 前掲。

（7）福間良明　二〇〇九『「戦争体験」の戦後史―世代・教養・イデオロギー』中央公論社：一六－一七。

（8）この時期のわだつみ会に関しては、門脇愛「一九五〇年代の新制高校生の平和運動についての一考察―第一次日本戦没学生記念会を中心に」（二〇一七年、東京大学卒業論文）が詳しい。

（9）高橋陽一 前掲。

（10）東京大学消費生活協同組合　一九七三『東大生協二十五年運動史』『東大生協二十五年運動史』編纂委員会：一七。

（11）一九五四年のわだつみ会第五回大会で規約改正をおこない全国委員会が代表機関にされたことで、理事会は実質的に排除され、同会は学生平和運動団体としての側面が強くなっていった（岡田裕之　一九九二a「小史 わだつみ会の運動 一九五〇－五八」日本戦没学生記念会編『わだつみのこえ（復刻版）』八朔社：vii）。

（12）岡田　茂　二〇〇一『悔いなきわが映画人生―東映と、共に歩んだ五〇年』財界研究所：七六、岡田茂　二〇〇四『波瀾万丈の映画人生―岡田茂自伝』角川書店：四六－四七。

（13）再軍備を主張していた中学生が映画『きけ、わだつみの声』を観て感動し、自身の主張を再考するなど映画の影響力は強かった（高木　一九九九：七六）。

（14）東京大学出版会 前掲：一四。

（15）門脇 前掲：七〇。

（16）門脇 前掲：七一。

（17）三原浩良　二〇一六『昭和の子』弦書房：一〇五。

（18）三原 前掲：一〇六。

（19）岡田裕之　一九九二a、前掲：v。

（20）NHK放送世論調査所 編　一九八二『図説戦後世論史』日本放送出版協会：一六二－一六五。

（21）門脇 前掲：五八－六二。

（22）岡田裕之　一九九二a、前掲：v。

（23）編集部［一九五五］一九九二「わだつみのこえの発展のために」（一九五五年四月二八日）日本戦没学生記念会（わだつみ会）編『わだつみのこえ（復刻版）』八朔社。

（24）わだつみ会・反戦学同・民青団［一九五六］一九九二「三団体の共同闘争を」（一九五六年六月二二日）。

（25）門脇 前掲：六二－六三。

（26）岡田裕之　一九九二a、前掲：vii。

（27）岡田裕之　一九九二a、前掲：v。

(28) 第二次わだつみ会以降で使われる「戦争体験」は「軍隊体験」という意味であった。

(29) 日本戦没学生記念会　一九五八a「わだつみ会活動八年間の総括」五四・五五（一九五八年七月二五日）『わだつみのこえ』。また、この総括に対して、のちに、「わだつみのイデー」は「日本人全体の戦争体験」だとして、この総括の「戦争体験」を持たない世代が出てきた点については反対意見もでた。最終的には当該箇所は議決の結果（削除に賛成が一二票、反対が一一票で）、削除された（日本戦没学生記念会　一九五八b）。しかし、これは「わだつみ会の活動は日本全体に関わるもの」という理念からの反対であり、活動をしていた会員は世代による「戦争体験」の有無の差異を感じていた。

(30) わだつみ会残務処理委員会［一九五八］一九九二「わだつみのこえ休刊にあたって」（一九五八年一〇月二二日）日本戦没学生記念会（わだつみ会）編『わだつみのこえ（復刻版）』八朔社。

(31) 中村克郎［一九九二］一九九二「監修のことば」日本戦没学生記念会（わだつみ会）編『わだつみのこえ（復刻版）』八朔社。

(32) 岡田裕之　一九九二a、前掲：v。

(33) 柳田謙十郎［一九五二］一九九二「平和運動二ヶ年半」（一九五二年九月一五日）日本戦没学生記念会（わだつみ会）編『わだつみのこえ（復刻版）』三三 八朔社。

(34) 「行動」と「運動」は同義で使われている。しかし、第二次わだつみ会以降において政治的、党派的な意味を含まない運動という言葉が同会で使われることもあった。そのような政治的、党派的な意味合いを含まない運動は鍵括弧をつけないで運動と記す。

(35) 鶴見俊輔・安田　武・山田宗睦　二〇一八「不戦の誓いとわだつみ会」『山脈』別冊 プレ一〇〇：五〇。

(36) 日本戦没学生記念会　一九六六「討論 第七回シンポジウム記録 第二部 討論」『わだつみのこえ』三六：一五－四二。

(37) 山下　肇　一九五九「会の運動の基本方針について―さまざまな質問にこたえて」『わだつみのこえ』創刊号：六。

(38) 山下　肇　一九八〇「「きけわだつみのこえ」秘話―本をめぐる回想（七）」『ほん』八七：四。

(39) わだつみ会が遺族の住所を探し印税を遺族へ届けるということで、『きけわだつみのこえ』の版権を東大出版会から引き受けることになった（山下肇　二〇〇一：六一）。

(40) 山下　肇　一九八〇、前掲：四。
(41) 福間　二〇〇九、前掲：一三〇。
(42) 山下　肇　一九八〇、前掲：四。
(43) 鶴見・安田・山田 前掲：五〇。
(44) 岡田裕之「わだつみ運動の五〇年」未公刊資料。
(45) 当時「主義」という言葉がどう使われたかも重要ではあるが、本書では扱うのを控える。
(46) 鹿野政直　二〇一六「民衆思想史の誕生—道標としての安丸良夫」『現代思想』四四（一六）：一一八-四一。
(47) 丸山真男　一九五九「企画・編集にあたって」『近代日本思想史講座　全八巻（別巻一冊）内容見本』二-三。
(48) 第二次わだつみ会は事業団体としても出発していたが一九六〇年頃から「思想団体」という面が強調されていった。それには以下の理由が考えられる。

第二次わだつみ会は発足時から「体験」を「思想」にすることをテーマに、「思想」が会の根幹の言葉であることは共有されていた。ただ「戦後派」にとって「体験」をどのように「思想」にしていくのかという疑義は当初からあがっており、それは後述する「思想団体」の定義を変容させていく一因でもあった（植田　一九五九：二一二）。一九六〇年頃より、わだつみ会で「戦争体験の思想化」の議論が活発になったあたりから、「思想団体」という言葉が使われるようになっていく。同会は「思想」に関わる団体という意識が強くなったことで「思想団体」をより自認するようになっていったのである。

また、事業団体という言葉から想起されるものも関係している。事業団体では、運動をする／しないに関わらず、政治的な問題について積極的に向き合うというよりは、みずからの定めた事業を事務的に淡々とおこなっていく響きがある。そもそも規約にも書かれていたように、同会は「戦争体験」を持つ世代と持たない世代をつなぐ場として意図されていた。現実の問題にどのように向き合うのかと問われていた会にとって、事務的な意味合いを内包している事業団体より、より広義の意味を内包できる「思想団体」のほうが適していた。
(49) 杉　捷夫　一九五九「わだつみ会と安保問題」『わだつみのこえ』創刊号：一-三。
(50) 「戦後派」にとっては「体験」をどのように「思想」していくのかという問いは当初から上がっており（植田　前掲：二一二）、それは後述する「思想団体」の定義を変容させていくひとつの要因でもあった。
(51) 山田宗睦　一九六一「現代のわだつみ思想形成のために」『わだつみのこえ』九：二七。
(52) 古山洋三　一九六四「一つの提案」『わだつみのこえ』

二一：一〇‐一一。
(53) 日本戦没学生記念会　一九六五「日本戦没学生記念会第四回総会報告」『わだつみのこえ』二八：一二‐二四。
(54)「ベトナムに平和を！ 市民・文化団体連合」から、のちの「ベトナムに平和を！市民連合」（ベ平連）への移行は平井一臣（二〇二〇）が詳しくまとめている。
(55) 日本戦没学生記念会　一九六五、前掲：二〇。
(56) 日本戦没学生記念会　一九六五、前掲：二一。
(57) 日本戦没学生記念会　一九六五、前掲：一五。
(58) 日本戦没学生記念会　一九六五、前掲：一九。
(59) 日本戦没学生記念会　一九六五、前掲：一八。
(60) 上原淳道　一九六五「会は「日韓」の問題にとりくむべきであるという提案」『わだつみのこえ』三〇：五九‐六〇。
(61) 上原　前掲：六〇。
(62) 上原　前掲：五九。
(63) 臨時増刊号の後記には日韓問題に関してはベ平連の場合と同様にわだつみ会として「行動」を避けると留保しながらも、今後の情勢によっては必要な処置を敏速に決定すべきだとしている（わだつみ会常任理事会一九六五：七二）。ここからわかることは、ベ平連に参加という「行動」をしたからといってわだつみ会が「行動」には簡単に舵を切らなかったものの、同会として「思想団体」でありながら「行動」する基盤が作られていったことである。
(64) 山田宗睦　一九六五『わだつみのこえ』臨時増刊号：六九。
(65) わだつみ像破壊事件については福間（二〇〇九）に詳しい。
(66) 日本戦没学生記念会　一九七〇a「「改組案」に対する会員アンケート」『わだつみのこえ』四八：一。
(67) 日本戦没学生記念会　一九七〇b「臨時総会議事要旨」『わだつみのこえ』四九：二七‐二八。
(68) 世代間をつないでいた「戦後派」の古山や和泉あきが事務局を辞任もしたこともわだつみ会に影響を与えていた。古山はわだつみ会の現状に批判的であり、『きけわだつみのこえ』が若い人びとに読まれているのに、会の運動を若い人びとに広げられなかったのは、老いていく遺族と戦争体験者だけの会によって若い人びとを追い出しているのではないかと同会の方向性を問うていた。その後、古山はわだつみ会を退会することになった。ただ、「改組案」をめぐる臨時総会などを経て、同会ではわだつみ会には所属しているがほとんど参与しない「スリーピング・メンバー」も重視するようになっていった（平野二〇二一：五一九‐五二六)。

(69) 田中仁彦　一九七〇「総会決定批判」『わだつみのこえ』四九：三〇‐三一。

(70) このときの経緯については、久米茂編『渡辺清さんのこと―眠りに就いて一〇年』(一九九一、非売品)にくわしい。

(71) 日本戦没学生記念会　一九七三「座談会「天皇問題」特集をめぐって」『わだつみのこえ』五五：四三。

(72) 日本戦没学生記念会　[一九七七]一九七八「あとがき」、わだつみ会編『天皇制を問いつづける』筑摩書房：二八〇。

(73) 鈴木　均　一九七五「続々々々々天皇問題特集号」『週刊読売』三四(一〇)(一三七五)：八一。

(74) 鈴木　均　一九七五、前掲：八一。

(75) 二〇一九年八月二三日渡辺總子氏インタビュー。

(76) 基本的に『わだつみのこえ』や『わだつみ通信』に掲載されている会員名簿や、二年に一回の総会において報告される会員数、渡辺總子(二〇〇九)から那波が作成した。ただ、総会は時期によって周期が変わったり、『わだつみのこえ』などの総会報告に会員数が載っていないこともあるため、あくまで機関誌や通信で確認できる範囲のものからの作成になっている。

(77) 六〇年代末に学生がわだつみ会から離れていったが、学生は大学にある学生わだつみ会には所属しつつ、本部のわだつみ会には所属していない者が多かったため、六〇年代末でも会員数だけをみれば劇的に減ってはいない。

(78) 渡辺總子(二〇〇九)によれば、一九七五年は総会時の会員数報告では一六三名となっているが、同年末の会員名簿では三〇〇名を数えているという。

(79) 鈴木　均・橋川文三・丸山邦男　一九七八「〈象徴天皇制〉をめぐって」、わだつみ会編『天皇制を問いつづける』筑摩書房：一九九。

(80) 日本戦没学生記念会　一九八二「座談会　わだつみ会の活動を考える」『わだつみのこえ』七四：六七。

(81) 二〇二一年二月二一日渡辺總子氏聞き取り。

(82) 日本戦没学生記念会　[一九七七]一九七八、前掲：二八〇。

(83) 日本戦没学生記念会　一九七五「総会報告(1)」『わだつみのこえ』六一：一〇八。

(84) 規約では、総会は二年に一度開かなければならなかったが、二期四年開催できなかったのは、第二次から第三次への移行が実務面でスムーズにいかなかったことによる。その間、理事会は機関誌「天皇問題特集」と年二回の集会（八・一五と不戦の集い）に全力で取り組んでいた。なお、会計については、遺族への印税送金を含む実務を公認会計士である理事が担当し監査報告も受けていた（二〇二一年三月二一日渡辺總子氏手紙）。

（85）一九七八年の『わだつみのこえ』六六号に「会員の読者の広場」ができており、その後もこの種の形で投稿は採用されている。

（86）『わだつみ通信』という名称は、一九六四年に一年間だけ四号まで配布されたパンフレットにも使われている。一九六四年の『わだつみ通信』は、おもにわだつみ会の活動を紹介するパンフレットであった。

（87）日本戦没学生記念会　一九七八「編集後記」『わだつみのこえ』六六：八四。

〈第二章〉

（1）「富山大空襲、伝える若者　中高生8人、88歳体験者に聞く」『朝日新聞』二〇二四年二月五日　朝刊　富山。

（2）岡田裕之「わだつみ運動の五〇年」未公刊資料。

（3）二〇一九年八月二三日渡辺總子氏インタビュー。

（4）主流の総合雑誌が「天皇問題」を扱っていなかったことも『わだつみのこえ』の読者を増やした一因ともいえる（鈴木　一九七五：八三）。

（5）二〇一九年八月二三日渡辺總子氏インタビュー。

（6）吉田　裕　[一九九五] 二〇〇五『日本人の戦争観—戦後史のなかの変容』岩波書店：九一。

（7）吉田　[一九九五] 二〇〇五、前掲：九六。

（8）別枝行夫　二〇〇二「日本の歴史認識と東アジア外交—教科書問題の政治過程」『北東アジア研究』三：一三五。

（9）俵　義文　二〇二〇『戦後教科書運動史』平凡社：一八七－一九〇。

（10）福間良明　二〇〇九『「戦争体験」の戦後史—世代・教養・イデオロギー』中央公論社：二四二。

（11）古市憲寿　著、本田由紀　解説　二〇一〇『希望難民ご一行様—ピースボートと「承認の共同体」幻想』光文社：七九。

（12）古市　前掲：八五。

（13）ピース・ボート、八五　編　一九八五『ピース・ボート出航！—「平和の船」の夢と挑戦』三友社出版：六－七。

（14）寺田清市　一九八六「—フォーラム報告—「核戦争三分前」の『わだつみ』再読」『わだつみのこえ』八二：九六。

（15）二〇一九年五月二〇日田口裕史氏インタビュー。

（16）二〇一九年五月二〇日田口裕史氏インタビュー。

(17) 寺田 前掲：九八。
(18) 二〇一九年二月二五日渡辺總子氏インタビュー。
(19) 一九七九～八一期では理事四人・常任理事一四人で合計一八人だったのに対し、一九八二～八三期では理事一三人・常任理事一六人で合計二九人となっている（渡辺總子 二〇〇九）。
(20) 二〇二一年一二月一三日渡辺總子氏インタビュー。
(21) 高橋武智・渡辺総子（聞き手 天野恵一） 一九九五「平井啓之さんの思い出―「わだつみ会」の活動を通して」『象徴天皇制研究』三：五四。
(22) 渡辺總子（二〇〇九）、渡辺總子氏作成資料、『わだつみ通信』より那波が作成。増員前は一九七九～八一の期間を指し、増員後は一九八二～八三の期間を指している。「戦後派」は、増員前は一四人中五人だったのに対して、増員後は一六人中九人となっている。常任理事が実務を担うようになったことを考えれば、「戦後派」の常任理事率の上昇はわだつみ会の運営に影響を与えたと推察できる。
(23) 機関誌『わだつみのこえ』の編集を常任理事が輪番制で担当する方式は一九九〇年代の中ごろまでおこなわれた（二〇二一年一二月一三日渡辺總子氏インタビュー）。
(24) 二〇一九年八月二三日渡辺總子氏インタビュー、二〇二三年三月八日渡辺總子氏インタビュー。
(25) 二〇二一年一二月一三日渡辺總子氏インタビュー。
(26) 二〇一九年六月一九日渡辺總子氏インタビュー。
(27) 二〇一九年八月二三日渡辺總子氏インタビュー。
(28) 平井啓之 一九八六ａ「六・一五 反ナカソネ集会の報告」『わだつみのこえ』八二：一〇一。
(29) 平井啓之 一九八六ａ、前掲：一〇一。
(30) 平井啓之 一九八六ｂ「わだつみ会・一九八六年―会のあゆみと課題」『わだつみのこえ』八三四八‐四九。
(31) 梅は一九二七年生まれであり、「戦中派」と「戦後派」のあいだに位置するが、本書では梅の記述などから「戦中派」とした。ただ、梅は「天皇問題」特集からわだつみ会へ参与してきた会員であり、従来の「戦中派」とは毛色の違う人物であった。
(32) 梅 靖三 一九七六「天皇の戦争責任と日本人」『わだつみのこえ』六三一〇。
(33) 梅 靖三 ［一九九〇］一九九四「わだつみ会と天皇制を語る―インタビュー・一九八九年十二月十六日」『戦争はいやなものだ』昭和出版 七九‐八〇。
(34) 二〇二一年七月一九日渡辺總子氏インタビュー。
(35) 二〇一九年五月二〇日田口裕史氏インタビュー。
(36) 高橋武智 一九八六ｂ「編集後記」『わだつみのこえ』

八三―六五。

（37）二〇一九年六月一八日高橋武智氏インタビュー。

（38）高橋武智　一九六五「総会への覚書―わだつみ会はこのままでよいか」『わだつみのこえ』二七：八―一一。

（39）高橋武智　一九八六a「中曽根の靖国公式参拝を許したもの―その社会的根拠とわれわれの責任」『わだつみのこえ』八二：六四。

（40）「戦中派」などのなかに規約改正に対する反対派がいたかどうかにも言及する必要があるだろう。一九八八年の規約改正に関する資料や聞き取りでは、規約改正に対する反対派がいたことを確認することはできなかった。ただ、資料などに書かれていないということだけから反対派が存在しなかったと断定することはできないだろう。反対派が出てこなかったと考えられる理由は二点ある。一点目は「戦中派」の高齢化と「戦後派」の台頭である。高齢化しわだつみ会への参加が遠のいていった「戦中派」にとって、わだつみ会が規約改正に動いているなかで、それに対して異議を唱えることはかなりの労力がいる作業であった。また、「戦後派」が主軸となっていったことも「戦中派」が以前より意見を述べにくくなる要因ではあった。二点目は、みずからの加害者性を含めた戦争責任を追及することは大筋では同意していたものの、戦争責任をどこまで掘り下げていくのか曖昧であった点である。一九九〇年代では、わだつみ会が戦没学徒の戦争責任を過度に追及していくことへの違和を指摘する「戦中派」も出てきた（『わだつみ通信』三四号）。加害者性を自覚した戦争責任を追及していくことには反対ではなかったものの、亡くなった戦友たちである戦没学徒を強く批判することへの異議が「戦中派」から生じたのである。以上をふまえと、一九八八年の規約改正で反対意見が出なかったおもな理由としては、①「戦中派」の高齢化と「戦後派」の台頭②戦争責任の掘り下げ方の曖昧さが要因であったと考えられる。

（41）日本戦没学生記念会　一九八四「総会報告」『わだつみ通信』一四五。

（42）日本戦没学生記念会　一九八七「理事会 今後の活動方針を協議」『わだつみ通信』二二：一。

（43）日本戦没学生記念会　一九八七、前掲：一。

（44）わだつみ会関係者提供資料（一九八八a）。

（45）日本戦没学生記念会　一九八八a「総会にあたって寄せられたわだつみ会への意見・要望など」『わだつみ通信』二二九―一六。

（46）日本戦没学生記念会　一九八八b「幾千万戦争犠牲者の声に聴きつつ」『わだつみ会 声明集』：三。

（47）鈴木均・橋川文三・丸山邦男　一九七八「〈象徴天皇制〉をめぐって」、わだつみ会編『天皇制を問いつづける』筑摩書房：一九九。
（48）赤澤（二〇〇一b）によれば、この時期はキリスト教関係者も天皇の戦争責任を積極的に取りあげていた。戦後日本における戦争責任論の変遷については赤澤（二〇〇一b）に詳しい。
（49）日本戦没学生記念会［一九七七］一九七八、前掲：二八〇。
（50）赤澤史朗　二〇〇一b「戦後日本の戦争責任論の動向」『立命館法學』二七四：一五五。
（51）大沼保昭　著、江川紹子　聞き手　二〇一五『「歴史認識」とは何か―対立の構図を超えて』中央公論社：八五－八六。
（52）日本戦没学生記念会　一九八三「映画「東京裁判」合評」『わだつみのこえ』七七：七九。
（53）山本　恒　一九八七「編集後記」『わだつみのこえ』八四：一三一。
（54）わだつみ会関係者提供資料（一九八八b）。
（55）近年においては、歴史学者の永原陽子が中心となって提唱した「植民地責任」論の議論も活発になっている（永原編 二〇〇九）。「植民地責任」論とは、戦争責任論に内在する面もあるが、「慰安婦」問題や強制労働などを成立させるにいたった、戦争の枠を越えた植民地主義や奴隷制にまで「罪」や「責任」を含めて問うていく議論である（永原 二〇〇九：一一）。当時のわだつみ会においては、植民地責任の意識は戦争責任に比較すれば高くはなかった。その理由としては、わだつみ会は戦没学徒の遺書集を基点として出発した団体であるため、戦争に関連する戦争責任への意識が強かったからであると考えられる。
（56）二〇一九年六月一八日高橋武智氏インタビュー。

〈第三章〉
（1）福間良明　二〇〇九『「戦争体験」の戦後史―世代・教養・イデオロギー』中央公論社。
（2）福間　二〇〇九、前掲：二七四。
（3）福間　二〇〇九、前掲：二四九－二五〇。
（4）福間　二〇〇九、前掲：二五〇。
（5）根本雅也　二〇一八『ヒロシマ・パラドクス―戦後日本の反核と人権意識』勉誠出版：一六二。
（6）根本 前掲：一六二－一六三。
（7）宇田川幸大　二〇二四「近現代日本における戦争責任論の展開」『思想』一一九八：八一－八二。

(8)二〇一九年四月一〇日田口裕史氏インタビュー。
(9)二〇一九年四月一〇日田口裕史氏インタビュー。
(10)寺田清市　一九八六「―フォーラム報告―「核戦争三分前」の『わだつみ』再読」『わだつみのこえ』八二：九六。
(11)二〇一九年四月一〇日田口裕史氏インタビュー。
(12)二〇二二年四月八日田口裕史氏インタビュー。
(13)二〇一九年四月一〇日田口裕史氏インタビュー。
(14)二〇二四年三月一日田口裕史氏インタビュー。
(15)アジアに対する日本の戦争責任を問う民衆法廷準備会一九九八「「アジアに対する日本の戦争責任を問う民衆法廷」開催へ向けての訴え」、アジアに対する日本の戦争責任を問う民衆法廷準備会編『時効なき戦争責任―裁かれる天皇と日本』緑風出版：九。
(16)二〇一九年六月一八日高橋武智氏インタビュー。
(17)田口は「韓国・朝鮮人BC級戦犯を支える会」の事務局代表であった。
(18)内海愛子　二〇一五『朝鮮人BC級戦犯の記録』岩波書店：v。
(19)内海愛子　二〇一五『朝鮮人BC級戦犯の記録』岩波書店：v。
(20)内海愛子　二〇一五『朝鮮人BC級戦犯の記録』岩波書店：vii。
(21)内海愛子　二〇一五『朝鮮人BC級戦犯の記録』岩波書店：一六〇-一六一。
(22)田口裕史　一九九六b『戦後世代の戦争責任』樹花舎：一五八-一五九。
(23)二〇一九年一〇月二八日田口裕史氏インタビュー。
(24)田口　一九九六b、前掲：一六七。
(25)田口　一九九六b、前掲：一六八-一六九。
(26)李　鶴来　一九九四「加害者の一員として―朝鮮人元監視員の報告」、内海愛子、ガバン・マコーマック、ハンク・ネルソン編『泰緬鉄道と日本の戦争責任―捕虜とロームシャと朝鮮人と』明石書店：二二八。
(27)二〇一九年一〇月二八日田口裕史氏インタビュー。
(28)田口裕史　一九九三a「私たち自身が語るべきこと」『わだつみのこえ』九七：一六〇。
(29)田口裕史　一九九三b「わだつみ記念館に関する質問と意見」
(30)二〇一九年五月二〇日田口裕史氏インタビュー。
(31)土野瑞穂　二〇〇八「「慰安婦」問題にみるジェンダー・ポリティクス―ジェンダー・ジャスティス実現へ向けた課題」『F-GENSジャーナル』一〇：二五六。
(32)わだつみ会で学徒兵の戦争責任の問題化をしていった

メンバーの一人は「戦後派」の安川寿之輔（一九三五年生）であり、安川の尽力によってもわだつみ会は戦争責任により向き合っていくこととなった。

(33) 日本戦没学生記念会　一九九五「シンポジウムの記録」『わだつみのこえ』集会特集号：九。

(34) 川口　揚　一九九五「一隅から—シンポジウムに参加して」『わだつみのこえ』集会特集号：四七。

(35) 二〇二四年三月一日田口裕史氏インタビュー。

(36) 二〇一九年六月一九日渡辺總子氏インタビュー。

(37) 二〇一九年一二月一六日渡辺總子氏インタビュー。ただ、『わだつみ通信』三八号によれば、「わだつみ訴訟」の一時期はその訴訟の経緯等の説明のため、会員外にも発送した。

(38) 鈴木　均　一九九五a「死者は「侵略」の意向をもって戦ったか」『わだつみ通信』三四：二六。

(39) 鈴木 前掲：二六。

(40) 鈴木 前掲：二六。

(41) 二〇一九年一二月一六日渡辺總子氏インタビュー。

(42) 二〇一九年一二月一六日渡辺總子氏インタビュー。

(43) 一九九五年五月三〇日『わだつみ通信』三四号にて「鈴木さんの投稿が総会前（注：一九九五年三月一二日の総会）に寄せられていれば、「討論」の時間で話し合うことができたのだが、残念ながら間に合わなかった」と記載されている。また、同じ号にて水田の応答が載っていることからも、五月三〇日よりある程度前に鈴木の投稿がなされ、水田がその文章へのリプライを書く時間があったと考えられる。このことから鈴木の投稿は三月中旬から四月下旬の可能性が高いと推察できる。

(44) 編集委員会　一九九五「学徒兵を含む民衆の戦争責任をめぐって」『わだつみのこえ』一〇一：一〇五。

(45) もし鈴木が『わだつみ通信』に掲載された文章を本当は『わだつみのこえ』に掲載することを意図していたとしても、特集となり、より論文形式の文章が求められると、短文で書いたような感情を発露させた文章が書かれなくなるということは、『わだつみのこえ』に掲載される適切な文章がどんなものであるかを念頭に置いていたことは確かであろう。

(46) 二〇一九年一〇月二八日田口裕史氏インタビュー。

(47) 吉川勇一　一九九五「反戦平和運動、戦後五〇年の到達点と課題—わだつみ運動とべ平連運動をとおして」『わだつみのこえ』一〇〇：一九－二〇。

(48) 田口裕史　一九九六a「戦後世代の責任として」『わだつみのこえ』一〇三：八。

(49) 田口　一九九六a、前掲：九。

(50) 田口 一九九六a、前掲：一〇。
(51) 二〇一九年一一月二五日田口裕史氏インタビュー。
(52) 田口 一九九六a、前掲：一一。
(53) 二〇一九年一一月二五日田口裕史氏インタビュー。
(54) 田口 一九九六a、前掲：一一。
(55) 田口裕史 一九九三a「私たち自身が語るべきこと」『わだつみのこえ』九七：一六二。
(56) 二〇一九年一一月二五日田口裕史氏インタビュー。
(57) 二〇一九年一一月二五日田口裕史氏インタビュー。
(58) 二〇一九年一一月二五日田口裕史氏インタビュー。
(59) 二〇二〇年六月八日田口裕史氏インタビュー。
(60) 二〇一九年一一月二五日田口裕史氏インタビュー。
(61) 二〇二〇年六月八日田口裕史氏インタビュー。
(62) 田口裕史 二〇二二「「当事者」なき時代の「次世代継承」とは—これまでの運動体験を振り返りつつ」発表資料。
(63) 二〇一九年一〇月二八日田口裕史氏インタビュー。

〈第四章〉

(1) わだつみのこえ記念館の来館者などについては那波（二〇二四）を参照されたい。
(2) 福島在行 二〇二一「平和博物館は何を目指してきたか—「私たち」の現在地を探るための一作業」、蘭信三・小倉康嗣・今野日出晴編『なぜ戦争体験を継承するのか：ポスト体験時代の歴史実践』みずき書林：二五三—二五六。
(3) 福島在行 二〇二一、前掲：二五四—二五六。
(4) 蘭 信三・小倉康嗣・今野日出晴が編集した『なぜ戦争体験を継承するのか—ポスト体験時代の歴史実践』（二〇二一、みずき書林）など、「戦争体験」の継承を分析した研究が近年ではより増えてきている。
(5) ただし、保阪（一九九九）は一九九〇年代のわだつみ会の記念館構想には言及している。
(6) 日本戦没学生記念会常任理事会 一九七〇「わだつみ記念館設立の提案」『わだつみのこえ』五〇：六六。
(7) 二〇一九年二月二五日渡辺總子氏インタビュー。
(8) 平野俊治 一九九二「編集後記」『わだつみのこえ』九五：一二八。
(9) 平野俊治 前掲：一二八。
(10) 日本戦没学生記念会 一九九二「事業計画案の審議」『わだつみ通信』二七：六—七。
(11) 日本戦没学生記念会 一九九一「事務所の移転について」『わだつみ通信』二六：一。
(12) 日本戦没学生記念会 一九九三a「学徒出陣五十周年

記念行事について―一月十五日の理事会から」『わだつみ通信』二八：四。

（13）わだつみ記念館建設委員会　一九九三「わだつみ記念館建設委員会の発足」『わだつみ通信』二九：四。

（14）二〇一九年二月二五日渡辺總子氏インタビュー。

（15）「学徒出陣」五十周年委員会　一九九四「「学徒出陣」五十周年記念行事―一年間の活動を顧みて」『わだつみ通信』三一：二。

（16）「学徒出陣」五十周年委員会 前掲：二。

（17）「学徒出陣」五十周年委員会 前掲：二。

（18）「学徒出陣」五十周年委員会 前掲：二。

（19）二〇一九年一一月一八日渡辺總子氏インタビュー。

（20）この宣言が掲載されたのは、わだつみ記念館建設委員会が発行している一九九四年に創刊された『わだつみ記念館だより』であった。『わだつみ記念館だより』は一号のみの刊行で次号が刊行されることはなかった。

（21）日本戦没学生記念会（わだつみ会）一九九四「わだつみ記念室開設宣言」『わだつみ記念館だより』一：二。

（22）岡田裕之　二〇〇二「『わだつみ記念館』の実現にむけて」『わだつみのこえ』一一六：三。

（23）岡田裕之　二〇〇二、前掲：三。

（24）岡田裕之　二〇〇二、前掲：三。

（25）岡田裕之　二〇〇二、前掲：三。

（26）日本戦没学生記念会　二〇〇二a「平和への遺書・遺品展―わだつみ会主催・東京・二〇〇二年」『わだつみのこえ』一一七：三三。

（27）これを企画したのは銀座松屋百貨店の小林敦美（一九三〇年生）であった。当初、小林はわだつみ会を柱にしようとしたが、「知的エリート」であった学徒兵だけではいけないという声があり、農民兵も含めたものにすることになった。わだつみ会側も最初は百貨店がこうした展覧会を本気でやるとは考えていなかったが、小林が農民兵を含めることを条件として提示しことで逆にスムーズに話が進んでいったという（小林敦美　一九九六：九〇‐九二）。また、小林がこの企画をしたのには、陸軍幼年学校に半年間在籍していたこと、一四歳で死の恐怖に怯えたこと、終戦後に戦友を自殺で失ったという彼自身の「戦争体験」が関係していた（小林敦美　前掲、一九九六：九五）。

（28）日本戦没学生記念会・岩手県農村文化懇談会　一九六四「平和への遺書展―戦没青年をしのぶ」：一。

（29）日本戦没学生記念会　二〇〇二a、前掲：三三。

（30）館野　豊　二〇〇二「平和への遺書・遺品展を息子とふれて」『わだつみのこえ』一一七：四八。

(31) 日本戦没学生記念会　二〇〇二b「「平和への遺書・遺品展―戦没青年との対話―」会場アンケートより」『わだつみのこえ』一一七：五四。
(32) 日本戦没学生記念会　二〇〇四「二〇〇四年〜二〇〇五年事業計画（活動方針）」『わだつみのこえ』一二〇：八一。
(33) 日本戦没学生記念会　二〇〇四、前掲：八二。
(34) わだつみのこえ記念館　二〇〇七「運営主体は「わだつみ記念館基金」」『記念館だより』一：一。
(35) 手塚久四・永野　仁　二〇〇六「「わだつみのこえ記念館」設立・開館のご報告」『わだつみのこえ』一二五：四。
(36) 渡辺總子　二〇一五b「あとがき」『わだつみのこえ記念館紀要』一：七〇。
(37) わだつみのこえ記念館　二〇一七「特別企画展序言」『わだつみのこえ記念館紀要』二：三。
(38) 「記念館感想ノート」に記載された文章は一部伏字にした。「記念館感想ノート」は自由記述であるが、性別や年齢、経歴等が記載してあるものを中心に分析した。
(39) 「来館アンケート」は二〇二二年八月から二〇二三年七月までに集計（回答数一一一）したものを対象とした。「来館アンケート」の詳しい分析については、那波（二〇二四）を参照されたい。また、来館者の分析は那波（二〇二四）に依拠している。「来館アンケート」はすべての来館者が回答しているわけではない。また、質問の追加・修正をおこなっているので全期間で同じ形式だったわけではなく、コロナ禍において開始されたものであるため、若い世代の回答が多くなっている。
(40) 「記念館感想ノート」や「来館アンケート」からわかる時期による変容の分析も重要ではあるが、ここでは全期間の概要を確認する。
(41) 「記念館感想ノート」
(42) 「記念館感想ノート」
(43) 「記念館感想ノート」
(44) 「記念館感想ノート」
(45) 二〇二一年一〇月四日渡辺總子氏インタビュー。
(46) 木原・千代（二〇一一）では、平和博物館を「都市のなかから薄れ行く『平和』の概念をとどめる施設の一つ」と評している（木原・千代二〇一一：八七三）。
(47) 木原一郎・千代章一郎　二〇一一「日本国内の平和博物館の立地による類型化」『日本建築学会中国支部研究報告集』三四：八七六。
(48) 「来館アンケート」
(49) 「来館アンケート」
(50) 二〇二四年三月八日渡辺總子氏インタビュー。

（51）二〇二四年三月八日渡辺總子氏インタビュー。
（52）二〇二四年三月八日渡辺總子氏インタビュー。
（53）二〇二四年三月八日渡辺總子氏インタビュー。

参考文献

阿部知二　一九六九『良心的兵役拒否の思想』岩波書店。

阿部安成・小関　隆・見市雅俊・光永雅明・森村敏己編　一九九九『記憶のかたち―コメモレイションの文化史』柏書房。

赤嶺　淳　二〇一七『鯨を生きる―鯨人の個人史・鯨食の同時代史』吉川弘文館。

赤澤史朗　二〇〇一a「「農民兵士論争」再論」『立命館法學』二七一・二七二：六二一―六四七。

――――　二〇〇一b「戦後日本の戦争責任論の動向」『立命館法學』二七四：一三七―一六三。

――――　二〇〇二「「戦争体験」と平和運動―第二次わだつみ会試論―」、「年報日本現代史」編集委員会編『年報日本現代史　戦後日本の民衆意識と知識人』、現代史料出版：一―三六。

――――　二〇一三「歴史の内在的可能性を探って」『立命館法学』三四五・三四六：九四九―九六九。

――――　二〇一七「「兵士論」とその問題点―「インテリ兵」と「農民兵士」」、赤澤史朗・北河賢三・黒川みどり・戸邉秀明編『触発する歴史学―鹿野思想史と向きあう』日本経済評論社：一八五―二〇七。

――――　二〇一八「「戦争体験論」の成立」『歴史評論』八二〇：五九―七〇。

――――　二〇一九「特集にあたって―戦争体験論の射程」、「年報日本現代史」編集委員会編『年報・日本現代史』二四：i―vii。

秋元律郎　一九七九『日本社会学史―形成過程と思想構造』早稲田大学出版部。

秋山道宏　二〇一九『基地社会・沖縄と「島ぐるみ」の運動―B五二撤去運動から県益擁護運動へ』八朔社。

秋山晋吾　二〇一九「史料から歴史へ」、南塚信吾・小谷汪之編『歴史的に考えるとはどういうことか』ミネルヴァ書房：五九―八五。

安斎育郎　二〇一四「日本平和学会と平和博物館の連携と可能性」『立命館平和研究：立命館大学国際平和ミュージアム紀要』

一五：二一－三二。
青木秀男　二〇二〇「戦争社会学研究会の設立の思い出に寄せて―戦争社会学研究会、これまでの一〇年と今後のあり方」『戦争社会学研究』四：一一四－一二一。
荒井信一 編　一九九四『戦争博物館』岩波書店。
蘭　信三　一九九四『「満州移民」の歴史社会学』行路社。
――　二〇一五「オーラルヒストリーの展開と課題―歴史学と社会学の狭間から」、大津透・桜井英治・藤井讓治・吉田裕・李成市編『岩波講座 日本歴史 第二一巻 史料編（テーマ巻二）』岩波書店：二〇九－二四一。
――　二〇二三「日本におけるオーラルヒストリーの展開と課題」『日本オーラル・ヒストリー研究』一九：七六－九三。
蘭　信三・小倉康嗣・今野日出晴 編　二〇二一『なぜ戦争体験を継承するのか―ポスト体験時代の歴史実践』みずき書林。
有末　賢　二〇一三「戦後被爆者調査の社会調査史」、浜日出夫・有末賢・竹村英樹編『被爆者調査を読む―ヒロシマ・ナガサキの継承』慶応義塾大学出版会：一－三四。
アジアに対する日本の戦争責任を問う民衆法廷準備会　一九九八「「アジアに対する日本の戦争責任を問う民衆法廷」開催へ向けての訴え」、アジアに対する日本の戦争責任を問う民衆法廷準備会編『時効なき戦争責任―裁かれる天皇と日本』緑風出版：七－一〇。
アジアに対する日本の戦争責任を問う民衆法廷準備会 編　一九九八a『戦争責任―過去から未来へ』緑風出版。
――　一九九八b『時効なき戦争責任―裁かれる天皇と日本』緑風出版。
鮎原　輪　一九七〇「死者たちの復権―わだつみ像破壊者の思想」『朝日ジャーナル』一二（六）：三八－四二。
別枝行夫　二〇〇二「日本の歴史認識と東アジア外交―教科書問題の政治過程」『北東アジア研究』三：一三一－一四九。
遅塚忠躬　二〇一〇『史学概論』東京大学出版会。
Coulter, Jeff, 1987, The social construction of mind: studies in ethnomethodology and linguistic philosophy, London: Macmillan.（西阪仰 訳　一九九八『心の社会的構成―ヴィトゲンシュタイン派エスノメソドロジーの視点』新曜社。）
海老坂武　二〇〇二『〈戦後〉が若かった頃』岩波書店。

―― 二〇一二『戦後文学は生きている』講談社。
江頭説子 二〇〇九「社会学とオーラル・ヒストリー」、法政大学大原社会問題研究所編『人文・社会科学研究とオーラル・ヒストリー』御茶の水書房：六九―一〇三。
遠藤美幸 二〇一四『「戦場体験」を受け継ぐということ―ビルマルートの拉孟全滅戦の生存者を尋ね歩いて』高文研。
―― 二〇一八「「戦友会」の変容と世代交代―戦場体験の継承をめぐる葛藤と可能性」『日本オーラル・ヒストリー研究』一四：九―二一。
遠藤知巳 二〇一六「書評 野上元・小林多寿子編『歴史と向きあう社会学―資料・表象・経験』」『社会学評論』六七（三）：三五八―三五九。
江嶋修作・春日耕夫・青木秀男 一九七七「広島市における「被爆体験」の社会統合機能をめぐる一研究」『商業経済研究所報』一五：一―九〇。
フジタニタカシ 著・梅森直之 訳 一九九八「思想の言葉」『思想』八九〇：二―四。
深谷直弘 二〇一八『原爆の記憶を継承する実践―長崎の被爆遺構保存と平和活動の社会学的考察』新曜社。
福間良明 二〇〇九『「戦争体験」の戦後史―世代・教養・イデオロギー』中央公論社。
―― 二〇一〇「「戦争体験」という教養―「わだつみ」の戦後史」『史林』九三（一）：一六三―一九六。
―― 二〇一五『「戦跡」の戦後史―せめぎあう遺構とモニュメント』岩波書店。
―― 二〇二〇『戦後日本、記憶の力学―「継承という断絶」と無難さの政治学』作品社。
福間良明・野上 元・蘭 信三・石原 俊編 二〇一三『戦争社会学の構想―制度・体験・メディア』勉誠出版。
福間良明・山口 誠編 二〇一五『「知覧」の誕生―特攻の記憶はいかに創られてきたのか』柏書房。
福島在行 二〇一三「平和博物館と歴史―「戦後」日本という文脈から考える―」『日本史研究』六〇七：一一二―一三二。
―― 二〇二一「平和博物館は何を目指してきたか―「私たち」の現在地を探るための一作業」、蘭信三・小倉康嗣・今野日出晴編『なぜ戦争体験を継承するのか―ポスト体験時代の歴史実践』みずき書林：二四七―二六七。
福島在行・岩間優希 二〇〇九「〈平和博物館研究〉に向けて―日本における平和博物館研究史とこれから」『立命館大学国際

平和ミュージアム紀要 別冊』：一－七七。
古市憲寿 著・本田由紀 解説　二〇一〇『希望難民ご一行様―ピースボートと「承認の共同体」幻想』光文社。
古山洋三　一九六四「一つの提案」『わだつみのこえ』二一：六－一一。
――　一九六五「総会を終って」『わだつみのこえ』二八：二九－三二。
――　一九六九「体験の思想化から反戦思想へ―わだつみ問題に即して」『エコノミスト』四七（四七）：一三二－一三六。
――　一九七〇a「わだつみの実像と虚像」『朝日ジャーナル』一二（六）：三一－三六。
――　一九七〇b「激動の大学・戦後の証言―三四―国際緊張緩和下にわだつみ会解散」『朝日ジャーナル』一二（三三）：三三－三七。
「学徒出陣」五十周年委員会　一九九四「「学徒出陣」五十周年記念行事―一年間の活動を顧みて」『わだつみ通信』三一：一－二。
浜日出夫　二〇〇五「構築主義と歴史社会学」『社会学史研究』二七：四七－五二。
――　二〇一九「歴史と記憶」、長谷川公一・浜日出夫・藤村正之・町村敬志『新版 社会学』有斐閣：一六七－一九五。
浜日出夫 編　二〇〇八『戦後日本における市民意識の形成―戦争体験の世代間継承』慶應義塾大学出版会。
浜日出夫・有末 賢・竹村英樹 編　二〇一三『被爆者調査を読む―ヒロシマ・ナガサキの継承』慶應義塾大学出版会。
浜井和史　二〇一四『海外戦没者の戦後史―遺骨帰還と慰霊』吉川弘文館。
長谷川貴彦　二〇一六『現代歴史学への展望―言語論的転回を超えて』岩波書店。
編集部　[一九五五]一九九二「わだつみのこえの発展のために」（一九五五年四月二八日）日本戦没学生記念会（わだつみ会）編『わだつみのこえ（復刻版）』八朔社。
編集委員会　一九九五「学徒兵を含む民衆の戦争責任をめぐって」『わだつみのこえ』一〇一：一〇五。
平井啓之　一九八六a「六・一五 反ナカソネ集会の報告天皇の眠りと〝民草〟の命」『わだつみのこえ』八二：一〇一。
――　一九八六b「わだつみ会・一九八六年―会のあゆみと課題」『わだつみのこえ』八三：三五－五五。
――　一九八九「今なぜ天皇制か―わだつみ会のあゆみと課題」わだつみ会編『今こそ問う天皇制―幾千万戦争犠牲者の

声に聴きつつ』筑摩書房：二二二－二四一。
平井一臣　二〇二〇『ベ平連とその時代―身ぶりとしての政治』有志舎。
平野英雄 編　二〇二一『日本戦没学生の手記―戦中戦後』アテネ出版社。
平野俊治　一九九二「編集後記」『わだつみのこえ』九五：一二八。
人見佐知子　二〇一二「書評 成田龍一著『「戦争経験」の戦後史：語られた体験／証言／記憶』」『心の危機と臨床の知』一三：一四五－一五〇。
――　二〇一七「オーラル・ヒストリーと歴史学／歴史家」、歴史学研究会編『第四次 現代歴史学の成果と課題 第三巻 歴史実践の現在』績文堂出版：一三二－一四四。
保苅　実［二〇〇四］二〇一八『ラディカル・オーラル・ヒストリー―オーストラリア先住民アボリジニの歴史実践』岩波書店。
保阪正康［一九九九］二〇二〇『『きけわだつみのこえ』の戦後史』朝日新聞出版。
星乃治彦　二〇〇八「ドイツ労働運動史研究全盛世代の世代論」『歴史評論』六九八：一四－二八。
一ノ瀬俊也　二〇一〇『故郷はなぜ兵士を殺したか』角川学芸出版。
池田義祐　一九八五「書評『共同研究・戦友会』高橋三郎編」『ソシオロジ』三〇（一）：一八〇－一八四。
猪原　透　二〇一二「認識論と実証研究を架橋する―言語論的転回以後の歴史学と「理解の方法」」『新しい歴史学のために』二八〇：六三－七六。
井上　俊　一九七三『死にがいの喪失』筑摩書房。
井上義和　二〇二一『特攻文学論』創元社。
石居人也　二〇一七「「現場」から組み立てる歴史学」、歴史学研究会編『第四次 現代歴史学の成果と課題 第三巻 歴史実践の現在』績文堂出版：二三九－二四九。
石川良子　二〇一五「〈対話〉への挑戦―ライフストーリー研究の個性」、桜井厚・石川良子編『ライフストーリー研究に何ができるか―対話的構築主義の批判的継承』新曜社：二一七－二四八。

石田佐恵子　二〇〇七「世代文化論の困難―文化研究における「メディアの共通経験」分析の可能性」『フォーラム現代社会学』六：三五－四四。
板垣竜太　二〇一五「植民地支配責任論の系譜について」『歴史評論』七八四：一七－二八。
門脇　愛　二〇一七「一九五〇年代の新制高校生の平和運動についての一考察―第一次日本戦没学生記念会を中心に」東京大学卒業論文。
神子島健　二〇一二『戦場へ征く、戦場から還る―火野葦平、石川達三、榊山潤の描いた兵士たち』新曜社。
加古陽治 編著　二〇一四『真実の「わだつみ」―学徒兵 木村久夫の二通の遺書』東京新聞出版局。
金子　淳　二〇〇六「戦争資料のリアリティ―モノを媒介とした戦争体験の継承をめぐって」、倉沢愛子［ほか］編『岩波講座アジア・太平洋戦争六 日常生活の中の総力戦』岩波書店：三二七－三五二。
鹿野政直　二〇一六「民衆思想史の誕生―道標としての安丸良夫」『現代思想』四四（一六）：二八－四一。
加藤千香子　二〇一五「国民国家論と戦後歴史学―「私」論の可能性」『立命館言語文化研究』二七（一）：一二五－一三九。
川口　揚　一九九五「一隅から―シンポジウムに参加して」『わだつみのこえ』集会特集号：四七－四八。
川本隆史　二〇〇六「久野収・鶴見俊輔・藤田省三『戦後日本の思想』（一九五九年）」、岩崎稔・上野千鶴子・成田龍一編『戦後思想の名著五〇』平凡社：一八一－一九七。
河内光治　一九八八『戦後帝大新聞の歴史』不二出版。
木原一郎・千代章一郎　二〇一一「日本国内の平和博物館の立地による類型化」『日本建築学会中国支部研究報告集』三四：八七三－八七六。
木村　豊　二〇一二「空襲で焼け出された者の記憶―ある「拓北農兵隊」の戦時と戦後をめぐって―」『日本オーラル・ヒストリー研究』八：一二五－一四四。
――　二〇一三「広島修道大学「被爆体験」調査における〈生者と死者〉」、浜日出夫・有末賢・竹村英樹編『被爆者調査を読む―ヒロシマ・ナガサキの継承』慶應義塾大学出版会：一七七－二〇六。
――　二〇一九「戦後七〇年と「戦争の記憶」研究―集合的記憶論の使われ方の再検討」『戦争社会学研究』三：二五一－

二六七。
岸　政彦　二〇一六「質的調査とは何か」、岸政彦・石岡丈昇・丸山里美『質的社会調査の方法―他者の合理性の理解社会学』有斐閣：一―三六。
――　二〇一八『マンゴーと手榴弾―生活史の理論』勁草書房。
小林敦美　一九九六『展覧会の壁の穴』日本エディタースクール出版部。
小林多寿子　二〇二三「森岡清美―ライフの社会学へ」、奥村隆編『戦後日本の社会意識論―ある社会学的想像力の系譜』有斐閣：二三四―二五二。
河野　仁　二〇〇七「「軍隊と社会」研究の現在」『国際安全保障』三五（三）：一―二二。
――　二〇〇八「戦争体験のオーラル・ヒストリー―日米の実践と課題」『国立歴史民俗博物館研究報告』一四七：四一七―四三六。
久米　茂編　一九九一『渡辺清さんのこと―眠りに就いて一〇年』非売品。
久野　収・鶴見俊輔・藤田省三　二〇一〇『戦後日本の思想』岩波書店。
李　鶴来　一九九四「加害者の一員として―朝鮮人元監視員の報告」、内海愛子、ガバン・マコーマック、ハンク・ネルソン編『泰緬鉄道と日本の戦争責任―捕虜とロームシャと朝鮮人と』明石書店：二二八―二三七。
李　仁夏　一九九三「植民地出身者にとってのあの戦争」『わだつみのこえ』九七：一四二―一四七。
李　宣定　二〇一一「一九八二年の教科書問題に関する政治史的考察―宮沢談話と近隣諸国条項を中心に」『日韓相互認識』四：二九―五九。
丸山真男　一九五九「企画・編集にあたって」『近代日本思想史講座　全八巻（別巻一冊）内容見本』一―三。
松井康浩　二〇一七「実証主義とテクスト主義を超えて―歴史研究者は保苅実から何を得たか」『日本オーラル・ヒストリー研究』一三：二五―三七。
松浦　勉　二〇一六「戦争責任研究（戦争責任論）と「植民地責任」研究の動向―教育と教育学の、戦争責任と植民地（支配）責任の究明のために」『植民地教育史研究年報』一九：一九八―二一〇。

道場親信　二〇〇三「戦争経験と反戦平和―『きけわだつみのこえ』を読みながら考えたこと」『わだつみのこえ』一一九：四―一七。
三原浩良　二〇〇五『占領と平和―〈銃後〉という経験』青土社。
森岡清美　一九九〇「死のコンボイ経験世代の戦後」『社会学評論』四一（二）：二―一一。
―――　一九九一『決死の世代と遺書』新地書房。
―――　一九九五a『若き特攻隊員と太平洋戦争―その手記と群像』吉川弘文館。
―――　一九九五b「戦没者の手記」『本郷』三：二〇―二二。
森　茂起・港　道隆編　二〇一二『〈戦争の子ども〉を考える―体験の記録と理解の試み』平凡社。
村上宏昭　二〇一二『世代の歴史社会学―近代ドイツの教養・福祉・戦争』昭和堂。
村上登司文　二〇〇九『戦後日本の平和教育の社会学的研究』学術出版会。
那波泰輔　二〇二二「わだつみ会における「思想団体」の定義と変遷―「思想」の言葉に着目して―」『理論と動態』一四：二八―四六。
―――　二〇二三「わだつみ会における加害者性の主題化の過程―一九八八年の規約改正に着目して」『大原社会問題研究所雑誌』七六四：六九―八八。
―――　二〇二四「「わだつみ」という〈環礁〉への航路―ミュージアム来館者調査から」、清水亮・白岩伸也・角田燎偏『戦争のかけらを集めて―遠ざかる兵士と私たちの歴史実践』図書出版みぎわ：二三三―二五四。
中谷　彪　二〇一五『「きけ わだつみのこえ」木村久夫遺稿の真実』北東アジア総合研究所。
永原陽子編　二〇〇九『「植民地責任」論―脱植民地化の比較史』青木書店。
永島　昇　二〇一九「日本戦没学生記念会の新しい前進のために」『わだつみのこえ』一五〇：二一―三。
中　久郎編　二〇〇四『戦後日本のなかの「戦争」』世界思想社。
中村江里　二〇一七『戦争とトラウマ―不可視化された日本兵の戦争神経症』吉川弘文館。

――― 二〇二一「〈国民〉の〈労苦〉―昭和館、しょうけい館」、蘭信三・小倉康嗣・今野日出晴編『なぜ戦争体験を継承するのか―ポスト体験時代の歴史実践』みずき書林：三四七－三五四。

中村英代 二〇一六「ライフストーリー研究はどのような展開をみせているか――書評『ライフストーリー研究に何ができるか』」『日本オーラル・ヒストリー研究』一二：二五五－二五八。

中村克郎 ［一九九一］一九九二「監修のことば」日本戦没学生記念会（わだつみ会）編『わだつみのこえ（復刻版）』八朔社。

中村政則 二〇〇三「言語論的転回以後の歴史学」『歴史学研究』七七九：二九－三五。

中野 卓 一九八一「個人の社会学的調査研究について（一）」『社会学評論』三二（一）：二－一二。

――― 一九九二『「学徒出陣」前後―ある従軍学生のみた戦争』新曜社。

直野章子 二〇一五『原爆体験と戦後日本―記憶の形成と継承』岩波書店。

成田龍一 二〇〇一『歴史学のスタイル―史学史とその周辺』校倉書房。

――― 二〇〇五a「歴史学の淵から」『社会学史研究』二七：四一－四六。

――― 二〇〇五b「戦争像の系譜―状況・体験・証言・記憶」、倉沢愛子、杉原達、成田龍一、テッサ・モーリス―スズキ、油井大三郎、吉田裕編『岩波講座 アジア・太平洋戦争 なぜ、いまアジア・太平洋戦争か 一』岩波書店：三－四六。

――― 二〇〇八「特別公開研究会 戦争体験と歴史記述のあわい―歴史学に記憶論的転回はあるか」『立正大学人文科学研究所年報』四六：九二－一〇〇。

――― 二〇一二『近現代日本史と歴史学―書き換えられてきた過去』中央公論社。

――― 二〇一五「現代社会の中の戦争像と戦後像」、成田龍一・吉田裕編『岩波講座アジア・太平洋戦争 戦後篇 記憶と認識の中のアジア・太平洋戦争』岩波書店：三－三六。

――― ［二〇一〇］二〇二〇『増補「戦争経験」の戦後史―語られた体験／証言／記憶』岩波書店。

――― 二〇二一a『歴史論集一 方法としての史学史』岩波書店。

――― 二〇二一b『歴史論集二〈戦後知〉を歴史化する』岩波書店。

成田龍一・吉田 裕 二〇〇五「まえがき」、倉沢愛子、杉原達、成田龍一、テッサ・モーリス―スズキ、油井大三郎、吉田裕編『岩波講座 アジア・太平洋戦争 なぜ、いまアジア・太平洋戦争か 一』岩波書店：iii－ix。

成田龍一・小沢弘明・戸邉秀明 二〇一一「座談会 戦後日本の歴史学の流れ―史学史の語り直しのために」『思想』一〇四八：七－四四。

成田龍一・吉田 裕編 二〇一五『岩波講座 アジア・太平洋戦争 戦後篇 記憶と認識の中のアジア・太平洋戦争』岩波書店。

NHK放送世論調査所 編 一九八二『図説戦後世論史』日本放送出版協会。

西川長夫 [一九九二] 二〇〇一『国境の越え方―国民国家論序説』平凡社。

根本雅也 二〇一八『ヒロシマ・パラドクス―戦後日本の反核と人権意識』勉誠出版。

日本戦没学生記念会 一九五二『日本の息子たち』三笠書房。

―――― 一九五八a「わだつみ会活動八年間の総括」五四・五五（一九五八年七月二五日）『わだつみのこえ』。

―――― 一九五八b「わだつみ会第九回大会報告決定集」（一九五八年八月一九日）『わだつみのこえ』。

―――― 一九五九「日本戦没学生記念会（再発足）趣意書」。

―――― 一九六五「日本戦没学生記念会第四回総会報告」『わだつみのこえ』二八：一二一－一二四。

―――― 一九六六「討論 第七回シンポジウム記録 第二部 討論」『わだつみのこえ』三六：一五－四二。

―――― 一九七〇a「「改組案」に対する会員アンケート」『わだつみのこえ』四八：一。

―――― 一九七〇b「臨時総会議事要旨」『わだつみのこえ』四九：二七－二八。

―――― 一九七三「座談会「天皇問題」特集をめぐって」『わだつみのこえ』五五：三一－五四。

―――― 一九七五「総会報告（1）」『わだつみのこえ』六一：一〇八。

―――― [一九七七] 一九七八「あとがき」、わだつみ会編『天皇制を問いつづける』筑摩書房：二七九－二八一。

―――― 一九七八「編集後記」『わだつみのこえ』六六：八四。

―――― 一九八二「座談会 わだつみ会の活動を考える」『わだつみのこえ』七四：五九－八二。

―――― 一九八三「映画「東京裁判」合評」『わだつみのこえ』七七：七九－一〇一。

―――― 一九八四「総会報告」『わだつみ通信』一四：一－五。

―― 一九八七「理事会 今後の活動方針を協議」『わだつみ通信』二一：一―二。

―― 一九八八a「総会にあたって寄せられたわだつみ会への意見・要望など」『わだつみ通信』二二：九―一六。

―― 一九八八b「幾千万戦争犠牲者の声に聴きつつ」『わだつみ会 声明集』：三―四。

―― 一九九〇「事業計画案審議」『わだつみ通信』二四：四―六。

―― 一九九一「事務所の移転について」『わだつみ通信』二六：一。

―― 一九九二「事業計画案の審議」『わだつみ通信』二七：六―七。

―― 一九九三a「学徒出陣五十周年記念行事について―一月十五日の理事会から」『わだつみ通信』二八：四。

―― 一九九三b「八・一五集会の記録」『わだつみのこえ』九七：一二五。

―― 一九九五「シンポジウムの記録」『わだつみのこえ』集会特集号：四―四〇。

―― 二〇〇二a「平和への遺書・遺品展―わだつみ会主催・東京・二〇〇二年」『わだつみのこえ』一一七：三三。

―― 二〇〇二b「「平和への遺書・遺品展―戦没青年との対話―」会場アンケートより」『わだつみのこえ』一一七：五一―五五。

―― 二〇〇四「二〇〇四年～二〇〇五年事業計画（活動方針）」『わだつみのこえ』一二〇：八一―八二。

―― 二〇一七「日本戦没学生記念会へ入会ください」『わだつみ通信』六四：八。

―― 二〇一八「活動方針についての論議」『わだつみ通信』六五：二。

日本戦没学生記念会常任理事会　一九七〇「わだつみ記念館設立の提案」『わだつみのこえ』五〇：六五―六七。

日本戦没学生記念会（わだつみ会）　一九九三「わだつみ記念館の設立を！」わだつみ記念館建設委員会。

―― 一九九四「わだつみ記念室開設宣言」『わだつみ記念館だより』一：二。

日本戦没学生記念会・岩手県農村文化懇談会　一九六四「平和への遺書展―戦没青年をしのぶ」。

日本戦没学生記念会（わだつみ会）出陣学徒有志一同　一九九三「わだつみのこえは今なにを求めるか―」『わだつみのこえ』九六：一―四。

西村　明　二〇〇六『戦後日本と戦争死者慰霊―シズメとフルイのダイナミズム』有志舎。

野上　元　二〇〇六『戦争体験の社会学―「兵士」という文体』弘文堂。

――――二〇〇八a「戦後社会と二つの戦争体験」、浜日出夫編『戦後日本における市民意識の形成―戦争体験の世代間継承』慶應義塾大学出版会：一―二一。

――――二〇〇八b「地域社会と「戦争の記憶」―「戦争体験記」と「オーラル・ヒストリー」」『フォーラム現代社会学』七：六二―七一。

――――二〇〇九「歴史と向き合う社会学―資料と記述をめぐる多様なアプローチにみる可能性」『年報社会学論集』二二：一―九。

――――二〇一一a「書評と紹介　成田龍一著『「戦争体験」の戦後史―語られた体験／証言／記憶』」『日本歴史』七五七：一二九―一三一。

――――二〇一一b「テーマ別研究動向（戦争・記憶・メディア）―課題設定の時代被拘束性を越えられるか？」『社会学評論』六二（二）：二三六―二四六。

――――二〇一一c「戦争体験の社会史」、藤村正之編『いのちとライフコースの社会学』弘文堂：一九六―二〇九。

――――二〇一二「書評と紹介　吉田裕著『兵士たちの戦後史』（シリーズ　戦争の経験を問う）」『日本歴史』七七四：一三一―一三四。

――――二〇一五「社会学が歴史と向きあうために」、野上元・小林多寿子編『歴史と向きあう社会学―資料・表象・経験』ミネルヴァ書房：一―二一。

――――二〇一七a「歴史が聞こえてくること―方法的ラディカリズムと歴史への愛」『日本オーラル・ヒストリー研究』一三：七―一八。

――――二〇一七b「「戦争社会学」が開く扉」『戦争社会学研究』一：一九―三二。

――――二〇二〇「戦争社会学が開いた扉―研究会初期一〇年の活動を振り返って」『戦争社会学研究』四：一二一―一三〇。

――――二〇二二「歴史社会学―歴史学から近くて遠い社会科学」、松沢裕作・高嶋修一編『日本近・現代史研究入門』岩波書店：三一八―三二四。
野上 元・福間良明 編 二〇一二『戦争社会学ブックガイド―現代世界を読み解く一三二冊』創元社。
野上 元・小林多寿子 編 二〇一五『歴史と向きあう社会学―資料・表象・経験』ミネルヴァ書房。
Nora, Pierre（sous la direction de）, Les Lieux de mémoire, 三 tomes, Paris, 1984-1992（谷川稔監訳 二〇〇二―二〇〇三『記憶の場―フランス国民意識の文化＝社会史』全三巻、岩波書店。）
小田切秀雄 一九八八 a『私のみた昭和の思想と文学の五十年 上』集英社。
―― 一九八八 b『私のみた昭和の思想と文学の五十年 下』集英社。
小田中直樹 二〇〇〇「言語論的転回と歴史学」『史学雑誌』一〇九（九）：一六八六―一七〇六。
小熊英二 二〇〇二『〈民主〉と〈愛国〉―戦後日本のナショナリズムと公共性』新曜社。
大熊信行 一九七二『日本の思潮（中）―現代思想の史的展望』潮出版社。
大黒俊二 二〇一七「資料の読みはどう変わったか―「真なるもの＝作られたもの」と「起源の偶像」を手がかりに」、歴史学研究会編『第四次 現代歴史学の成果と課題 第三巻 歴史実践の現在』績文堂出版：一二〇―一三一。
大串潤児 二〇〇八「戦後日本における「世代」論の問題領域」『歴史評論』六九八：四四―五七。
大門正克 二〇一〇「解説 未完の同時代史研究」、吉沢南『私たちの中のアジアの戦争―仏領インドシナの「日本人」』有志舎：二六一―二七三。
―― 二〇一七『語る歴史、聞く歴史―オーラル・ヒストリーの現場から』岩波書店。
大沼保昭 著・江川紹子 聞き手 二〇一五『「歴史認識」とは何か―対立の構図を超えて』中央公論社。
岡田裕之 一九九二 a「小史 わだつみ会の運動 一九五〇―五八」日本戦没学生記念会編『わだつみのこえ（復刻版）』八朔社：i―v。
―― 一九九二 b「小史への個人的補遺」『わだつみのこえ』九四：七七―七九。
―― 一九九九『我らの時代―メモワール：平和・体制・哲学』時潮社。
―― 二〇〇二「『わだつみ記念館』の実現にむけて」『わだつみのこえ』一一六：一一―一三。

―――　二〇〇七a「日本戦没学生の思想（上）『新版・きけわだつみのこえ』の致命的欠陥について」『大原社会問題研究所雑誌』五七八：一九―三五。

―――　二〇〇七b「日本戦没学生の思想（下）『新版・きけわだつみのこえ』の致命的欠陥について」『大原社会問題研究所雑誌』五七九：二六―五二。

―――　二〇〇九『日本戦没学生の思想―〝わだつみのこえ〟を聴く』法政大学出版局。

―――　二〇〇一「わだつみ運動の五〇年」未公刊資料。

岡田　茂　二〇〇一『悔いなきわが映画人生―東映と、共に歩んだ五〇年』財界研究所。

―――　二〇〇四『波瀾万丈の映画人生―岡田茂自伝』角川書店。

奥村　隆編　二〇一六『作田啓一 vs. 見田宗介』弘文堂。

長志珠絵　二〇一五「国民国家論がたちあがるとき」『立命館言語文化研究』二七（一）：一四一―一四五。

朴　沙羅　二〇一〇「〈事実〉をつくる―吹田事件と言説の政治―」『ソシオロジ』五四（三）：八九―一〇四、一七三。

―――　二〇一一「物語から歴史へ―社会学的オーラルヒストリー研究の試み」『ソシオロジ』五六（一）：三九―五四、九四。

―――　二〇一四「研究動向　オーラルヒストリー研究の歩みと現在」『京都社会学年報』二二：八九―一一五。

―――　［二〇一五］二〇一六「訳者あとがき」、アレッサンドロ・ポルテッリ著・朴沙羅訳『オーラルヒストリーとは何か』水声社：四四一―四四九。

―――　二〇一七『外国人をつくりだす―戦後日本における「密航」と入国管理制度の運用』ナカニシヤ出版。

―――　二〇一八「オーラルヒストリーと社会問題の構築―実証主義的歴史学との比較を通じて」『コスモポリス』一二：六七―七六。

―――　二〇一九「国家と歴史の社会学に向けて」、山室信一編『人文学宣言』ナカニシヤ出版：一二四―一二七。

Portelli, Alessandro, 1991, The Death of Luigi Trastulli and Other Stories: Form and Meaning in Oral History, New York: State University of New York Press.（朴沙羅訳 二〇一六『オーラルヒストリーとは何か』水声社。）

ピース・ボート、八五編　一九八五『ピース・ボート出航！―「平和の船」の夢と挑戦』三友社出版。
歴史学研究会　二〇〇〇『戦後歴史学再考―「国民史」を超えて』青木書店。
齋藤力夫・田中義幸編　二〇二〇『NPO法人のすべて―特定非営利活動法人の設立・運営・会計・税務』税務経理協会。
酒井直樹　一九九七『日本思想という問題―翻訳と主体』岩波書店。
作間忠雄　一九九三「「侵略戦争」と親友兵士の死」『朝日新聞』一九九三年九月一一日朝刊。
桜井　厚　二〇〇二『インタビューの社会学―ライフストーリーの聞き方』せりか書房。
――　二〇一二『ライフストーリー論』弘文堂。
――　二〇二三「中野卓―社会学的調査に〈生きた人間〉を求めて」、奥村隆編『戦後日本の社会意識論―ある社会学的想像力の系譜』有斐閣：二〇四―二三三。
桜井　厚・石川良子編　二〇一五『ライフストーリー研究に何ができるか―対話的構築主義の批判的継承』新曜社。
桜井恒次　一九八一「生き残ったものは何をすべきか」、桜井恒次遺稿集編集委員会編『桜井恒次』桜井恒次遺稿集編集委員会：一四八―一五二。
作田啓一　一九六〇「戦犯受刑者の死生観について―「世紀の遺言」の分析」『ソシオロジ』七（三）：一一〇―一三五。
――　一九六四「戦争体験の今日的意味」『思想の科学』第五次二九：二―九。
佐々木啓　二〇一九『「産業戦士」の時代―戦時期日本の労働力動員と支配秩序』大月書店。
佐藤健二　二〇〇一『歴史社会学の作法―戦後社会科学批判』岩波書店。
佐藤卓己　二〇〇四『言論統制―情報官・鈴木庫三と教育の国防国家』中央公論社。
――　二〇〇九『歴史学』岩波書店。
――　［二〇〇五］二〇一四『八月十五日の神話―終戦記念日のメディア学』筑摩書房。
佐藤俊樹　一九九八「近代を語る視線と文体比較のなかの日本の近代化」、高坂健次・厚東洋輔編『講座社会学一　理論と方法』東京大学出版会：六五―九八。
――　二〇〇五「因果の果ての物語」『社会学史研究』二七：二九―四〇。

佐藤俊樹・友枝敏雄編　二〇〇六『言説分析の可能性―社会学的方法の迷宮から』東信堂。
佐藤裕亮　二〇二三「作田啓一―生きる希望の探究」、奥村隆編『戦後日本の社会意識論―ある社会学的想像力の系譜』有斐閣：三三〇―三五三。
Seraphim, Franziska, 2006, War Memory and Social Politics in Japan, 1945-2005, Cambridge: Harvard University Asia Center.
新藤雄介　二〇一七「メディア史の歴史学化／歴史学のメディア研究化か―メディア史・歴史学・文学・政治学にとっての読者研究の位相」『メディア史研究』四一：二〇―四二。
Skocpol, Theda ed., 1984, Vision and Method in Historical Sociology, Cambridge: Cambridge University Press.（小田中直樹訳一九九五『歴史社会学の構想と戦略』木鐸社。）
清水　亮　二〇一六「軍隊と地域の結節点としての下宿―軍人と地域住民との相互行為過程を通した関係形成に着目して」『ソシオロゴス』四〇：七九―九四。
――　二〇一七「管理からみる戦死者慰霊施設―立地地域における各担い手に着目して―」『宗教と社会』二三：三一―四五。
――　二〇一八「記念空間造成事業における担い手の軍隊経験―予科練の戦友会と地域婦人会に焦点を当てて」『社会学評論』六九（三）：四〇六―四二三。
――　二〇二一「日本における軍事社会学の受容―一つの「戦争社会学」史の試み」『社会学評論』七二（三）：二四一―二五七。
――　二〇二二『「予科練」戦友会の社会学―戦争の記憶のかたち』新曜社。
須田　努　二〇〇八『イコンの崩壊まで―「戦後歴史学」と運動史研究』青木書店。
――　二〇一三「イコンの崩壊から―「現代歴史学」のなかの民衆史研究」『史潮』七三：一六―二八。
菅原和子　二〇〇八「「声なき声の会」の思想と行動―戦後市民運動の原点をさぐる」『新潟国際情報大学情報文化学部紀要』一一：四一―五七。
杉　捷夫　一九五九「わだつみ会と安保問題」『わだつみのこえ』創刊号：一一一―一一三。

鈴木　均　一九七五「続々々々々天皇問題特集号」『週刊読売』三四（一〇）（一三七五）：八〇－八五。

――　一九九五ａ「死者は「侵略」の意向をもって戦ったか」『わだつみ通信』三四：二五－二六。

――　一九九五ｂ「歴史と感情―被害・加害論を越えて」『わだつみのこえ』一〇一：一〇五－一一五。

鈴木　均・橋川文三・丸山邦男　一九七八「〈象徴天皇制〉をめぐって」、わだつみ会編『天皇制を問いつづける』筑摩書房：一九一－二一〇。

田口裕史　一九九三ａ「私たち自身が語るべきこと」『わだつみのこえ』九七：一五七－一六三。

――　一九九三ｂ「わだつみ記念館に関する質問と意見」

――　一九九六ａ「戦後世代の責任として」『わだつみのこえ』一〇三：二一－一三。

――　一九九六ｂ『戦後世代の戦争責任』樹花舎。

――　一九九八「はじめに」、アジアに対する日本の戦争責任を問う民衆法廷準備会編『戦争責任―過去から未来へ』緑風出版：一－一二。

――　二〇二二「「当事者」なき時代の「次世代継承」とは―これまでの運動体験を振り返りつつ」発表資料。

高田里恵子　二〇〇七「編集と誤読―戦没学徒兵の手記をめぐって」『桃山学院大学人間科学』三三：一六七－一八七。

――　二〇〇八『学歴・階級・軍隊―高学歴兵士たちの憂鬱な日常』中央公論社。

高木勝勇　一九九九「徴兵反対からガイドライン＝戦争法まで―第一次わだつみ会会津支部（一九五一～五七）の記録」『わだつみのこえ』一一〇：七六－八〇。

高橋三郎　一九八八ａ『「戦記もの」を読む―戦争体験と戦後日本社会』アカデミア出版会。

――　一九八八ｂ「書評に応えて」『ソシオロジ』三三（二）：一六六－一六八。

高橋三郎編　一九八三『共同研究・戦友会』田畑書店。

高橋三郎・溝部明男・高橋由典・伊藤公雄・新田光子・橋本　満　一九八五「書評に応えて」『ソシオロジ』三〇（一）：一八四－一八七。

高橋武智　一九六五「総会への覚書―わだつみ会はこのままでよいか」『わだつみのこえ』二七：八－一一。

――――　一九八六ａ「中曽根の靖国公式参拝を許したもの―その社会的根拠とわれわれの責任」『わだつみのこえ』八二：五三―六四。
――――　一九八六ｂ「編集後記」『わだつみのこえ』八三：一六五。
――――　一九九〇「書イタモノハ残ル、サレド……―わだつみ会四〇年の私的総括」『わだつみのこえ』九一：六―二一。
――――　二〇〇八「体験を手がかりに世代を超えて歴史を織りあげる―戦争体験と戦後運動体験の伝・継承」『わだつみのこえ』一二九：三―二八。
高橋武智・渡辺総子（聞き手　天野恵一）　一九九五「平井啓之さんの思い出―「わだつみ会」の活動を通して」『象徴天皇制研究』三：五二―六四。
高橋陽一　一九九七「五〇年の生協の歩み 東大生協史資料室だより 第一六回 きけわだつみのこえ」『生協ニュース』六四〇。
高橋雄造　二〇二〇『高校生運動の歴史―新制高校・生徒会連合・六〇年安保・〝高校紛争〟・反管理主義』明石書店。
竹内治彦　一九九〇「歴史社会学における文化論的アプローチと段階論的アプローチ」『哲学』九〇：七三―九九。
竹内　洋　一九九五「教育社会学における歴史研究―ブームと危うさ」『教育社会学研究』五七：五―二二。
田中仁彦　一九七〇「総会決定批判」『わだつみのこえ』四九：二九―三一。
田中伸尚　一九九七『「戦争の記憶」その隠蔽の構造―国立戦争メモリアルを通して』緑風出版。
田中紀行　二〇〇三「現代日本における歴史社会学の特質」、鈴木幸壽・山本鎮雄・茨木竹二編『歴史社会学とマックス・ヴェーバー（上）―歴史社会学の歴史と現在』理想社：一六一―一八四。
――――　二〇〇五「歴史社会学の展開と展望」『社会学史研究』二七：一七―二七。
田中雄一朗　二〇一七「一九八二年の日韓歴史教科書問題の萌芽と展開―メディア・フレーム論による日韓関係と韓国の政治社会的分析」『法学政治学論究：法律・政治・社会』一一三：六九―一〇三。
舘野　豊　二〇〇二「平和への遺書・遺品展を息子とふれて」『わだつみのこえ』一一七：四八―四九。
俵　義文　二〇二〇『戦後教科書運動史』平凡社。
手塚久四・永野　仁　二〇〇六「「わだつみのこえ記念館」設立・開館のご報告」『わだつみのこえ』一二五：四―六。

寺田清市　一九八六「―フォーラム報告―「核戦争三分前」の『わだつみ』再読」『わだつみのこえ』八二：九六―一〇〇。
東京大学消費生活協同組合　一九七三『東大生協二十五年運動史』『東大生協二十五年運動史』編纂委員会。
東京大学出版会　二〇〇一『東京大学出版会 五〇年の歩み』東京大学出版会。
坪井主税　一九九八「平和博物館―その定義と類別化に関する若干の考察」『札幌学院大学人文学会紀要』六四：四一―五二。
角田　燎　二〇二四『陸軍将校たちの戦後史―「陸軍の反省」から「歴史修正主義」への変容』新曜社。
鶴見俊輔　一九七〇「すれちがい―哲学入門以前」『思想の科学』第五次（一〇二）：七三―八〇。
鶴見俊輔・安田　武・山田宗睦　二〇一八「不戦の誓いとわだつみ会」『山脈』別冊 プレ一〇〇：五〇―六六。
鶴田幸恵・小宮友根　二〇〇七「人びとの人生を記述する―「相互行為としてのインタビュー」について」『ソシオロジ』五二（一）：二一―三六、一五九。
上野瑞穂　二〇〇八「「慰安婦」問題にみるジェンダー・ポリティクス―ジェンダー・ジャスティス実現へ向けた課題」『F-ENSジャーナル』一〇：二五五―二六四。
筒井清忠 編　一九九〇『「近代日本」の歴史社会学―心性と構造』木鐸社。
宇田川幸大　二〇二四「近現代日本における戦争責任論の展開」『思想』一一九八：七一―九二。
植田祐次　一九五九「僕たちの参加」『わだつみのこえ』創刊号：二二―二五。
上原淳道　一九六五「会は「日韓」の問題にとりくむべきであるという提案」『わだつみのこえ』三〇：五八―六〇。
鵜飼宏明 編　一九九七『東京大学・学生演劇七十五年史―岡田嘉子から野田秀樹まで 一九一九～一九九四』清水書院。
梅　靖三　一九七六「天皇の戦争責任と日本人」『わだつみのこえ』六三：一―一〇。
――［一九九〇］一九九四「わだつみ会と天皇制を語る―インタビュー・一九八九年十二月十六日」『戦争はいやなものだ』昭和出版：七七―八三（初出：『戦旗』一九九〇年一月一日号）。
――一九九四『戦争はいやなものだ』昭和出版。
内海愛子　二〇一五『朝鮮人BC級戦犯の記録』岩波書店。
内海愛子、ガバン・マコーマック、ハンク・ネルソン 編　一九九四『泰緬鉄道と日本の戦争責任―捕虜とロームシャと朝鮮人と』明石書店。
Vanek, Miroslav and Daniel Morgan eds., 2013, Around Globe: Rethinking Oral History With Its Protagonists, Prague: Karolinum.
和田敦彦　二〇一四『読書の歴史を問う―書物と読者の近代』笠間書院。
わだつみ会 編　一九七八『天皇制を問いつづける』筑摩書房。
―――編　一九八九『今こそ問う天皇制―幾千万戦争犠牲者の声に聴きつつ』筑摩書房。
―――編　一九九三『学徒出陣』岩波書店。
わだつみ会常任理事会　一九六五「編集後記」『わだつみのこえ』臨時増刊号：七二－七三。
わだつみ会残務処理委員会　［一九五八］一九九二「わだつみのこえ休刊にあたって」（一九五八年一〇月二一日）日本戦没学生記念会（わだつみ会）編『わだつみのこえ（復刻版）』八朔社。
わだつみ会・反戦学同・民青団　［一九五六］一九九二「三団体の共同闘争を」（一九五六年六月二一日）日本戦没学生記念会（わだつみ会）編『わだつみのこえ（復刻版）』一二三　八朔社。
わだつみ記念館建設委員　一九九四「建設委員会からの報告とお願い」『わだつみ記念館だより』一：一－四。
わだつみ記念館建設委員会　一九九三「わだつみ記念館建設委員会の発足」『わだつみ通信』二九：四。
わだつみ記念館建設委員会　一九九四「「わだつみ記念館」の建設を！　再び三たびのお願い―経過と謝意・具体的なお願い」『わだつみ通信』三一：三一－四。
わだつみのこえ記念館　二〇〇七「運営主体は「わだつみ記念館基金」」『記念館だより』一：一。
―――　二〇一七「特別企画展序言」『わだつみのこえ記念館紀要』二：三。
渡辺總子　二〇〇九「「役員」に見るわだつみ会の歩み　一九五九年～二〇〇九年三月現在」『わだつみ通信』四九：三〇－三五。
―――　二〇一五ａ「わだつみのこえ記念館」『日本近代文学館』二六六：六。
―――　二〇一五ｂ「あとがき」『わだつみのこえ記念館紀要』一：七〇。
―――　二〇一七「あとがき」『わだつみのこえ記念館紀要』二：五八。

渡辺　清　[一九七七]二〇〇四『砕かれた神―ある復員兵の手記』岩波書店。
渡邊　勉　二〇二〇『戦争と社会的不平等―アジア・太平洋戦争の計量歴史社会学』ミネルヴァ書房。
山辺昌彦　二〇〇四「日本の平和博物館の到達点と課題」、歴史教育者協議会編『増補　平和博物館・戦争資料館ガイドブック』青木書店：二六八－二七八。
山田　朗　二〇一七『日本の戦争―歴史認識と戦争責任』新日本出版社。
山田宗睦　一九六一「現代のわだつみ思想形成のために」『わだつみのこえ』九：二五－二九。
――――　一九六五『わだつみのこえ』臨時増刊号：六八－七〇。
山本昭宏　二〇二一『戦後民主主義―現代日本を創った思想と文化』中央公論社。
山本　恒　一九六五「戦後派の感想」『わだつみのこえ』三〇：一九－二二。
――――　一九八七「編集後記」『わだつみのこえ』八四：一三一。
山下　肇　一九五九「会の運動の基本方針について―さまざまな質問にこたえて」『わだつみのこえ』創刊号：四－九。
――――　一九八〇「「きけわだつみのこえ」秘話―本をめぐる回想（七）」『ほん』八七：四。
――――　二〇〇一「世紀の替り目に―わだつみ運動を振り返って―」『わだつみのこえ』一一四：五六－六五。
山下英愛　二〇一八「韓国の「慰安婦」証言聞き取り作業の歴史」、上野千鶴子・蘭信三・平井和子編『戦争と性暴力の比較史へ向けて』岩波書店：三五－六四。
柳田謙十郎　[一九五二]一九九二「平和運動二ヶ年半」（一九五二年九月一五日）日本戦没学生記念会（わだつみ会）編『わだつみのこえ（復刻版）』三三　八朔社。
安田　武　[一九六三]二〇二一『戦争体験―一九七〇年への遺書』筑摩書房。
――――　一九七七『学徒出陣』三省堂。
――――　一九八三『不戦の誓い―わだつみ会私史』山脈出版の会。
安田常雄　一九七九『日本ファシズムと民衆運動―長野県農村における歴史的実態を通して』れんが書房新社。
――――　二〇〇五「「思想の科学」と戦後精神のゆくえ―戦後六〇年の「思想の科学」」『出版ニュース』二〇四七：六－九。

安川寿之輔　一九九五「五十嵐顕さんが残したもの―「わだつみ世代」の戦争責任論」『わだつみのこえ』一〇一：一一六―一三一。
――　一九九七『日本の近代化と戦争責任―わだつみ学徒兵と大学の戦争責任を問う』明石書店。
安岡健一　二〇二一「書評　蘭信三・小倉康嗣・今野日出晴編『なぜ戦争体験を継承するのか：ポスト体験時代の歴史実践』」『日本オーラル・ヒストリー研究』一七：一六七―一七四。
Lisa Yoneyama, 1994, Hiroshima Traces: Time, Space, and the Dialectics of Memory, California:University of California Press.（米山リサ 著、小沢弘明・小澤祥子・小田島勝浩 訳　二〇〇五『広島―記憶のポリティクス』岩波書店。）
吉田　裕　［一九九五］二〇〇五『日本人の戦争観―戦後史のなかの変容』岩波書店。
――　［二〇一一］二〇二〇『兵士たちの戦後史―戦後日本社会を支えた人びと』岩波書店。
好井裕明・関　礼子 編　二〇一六『戦争社会学―理論・大衆社会・表象文化』明石書店。
吉川勇一　一九九五「反戦平和運動、戦後五〇年の到達点と課題―わだつみ運動とべ平連運動をとおして」『わだつみのこえ』一〇〇：一三―二一。
吉見義明　一九九五『従軍慰安婦』岩波書店。
吉沢　南　一九八六a『戦争拡大の構図―日本軍の「仏印進駐」』青木書店。
――　一九八六b『私たちの中のアジアの戦争―仏領インドシナの「日本人」』朝日新聞社。
油井大三郎　二〇〇六「戦争の記憶と追悼の壁―「岩波講座　アジア・太平洋戦争」の編集を終えて」『図書』六九〇：二三―二五。
『わだつみ会 声明集』。
『わだつみ通信』一～七六号。
《侵略戦争をめぐる国家の責任と民衆自身の責任―敗戦五〇周年を前に―》討論用レジュメ。
「ピー・スボートについて」http: //peaceboat.org/about.html（最終閲覧二〇二一年一〇月二八日）。

あとがき

本書は、一橋大学大学院社会学研究科に提出し、二〇二二年三月に博士（社会学）を授与された博士論文「わだつみ会の制度的変化による人びとの認識の変容――「戦争体験」の記述と語りに着目して――」を大幅に加筆修正したものである。本書は以下の発表原稿の内容を含んでおり、本書の利用にあたり加筆修正を加えているため初出を記載しておく。

那波泰輔　二〇二一「わだつみ会における「思想団体」の定義と変遷：「思想」の言葉に着目して」『理論と動態』一四：二八－四六。

那波泰輔　二〇二二「わだつみ会における加害者性の主題化の過程―一九八八年の規約改正に着目して」『大原社会問題研究所雑誌』七六四：六九－八八。

本書の調査、研究、執筆にあたって、実に多くの方々からご支援を受け、学位論文として完成させることができた。

まず、私の指導教員である赤嶺淳先生に心からの感謝を表したい。赤嶺先生は、私の個性や関心事を理解し、自分の研究テーマに自由に取り組めるように常に励まし、忍耐強く指導してくれた。私が研究で悩んでいるときも赤嶺先生のお言葉があったからこそ、自信を持って研究を進めることができた。本書が、わだつみ会やわだつみのこえ記念館の関係者の想いを少しでも表現できているとしたら、それは赤嶺先生の研究に対する熱心な姿勢と、資料との対話を通じて培われた洞察から得た知見のおかげだ。先生の丁寧な指導と温かい心遣いに深く感謝する。赤嶺ゼミのみなさまのさまざまな知見によるご助言も本書の完成にあたり欠かすことはできなかった。

石居人也先生には、論文指導委員として大変お世話になった。分野が異なる私を研究室に暖かく迎え入れ、他の学生と同様に丁寧に指導してくれたことに心から感謝している。石居先生からは、歴史学的な視点での資料の読み解き方を学んだ。その指導のおかげで、資料に記された人々の姿がより立体的に感じられるようになった。先生の、学生一人一人の立場を尊重しながら指導を行う姿勢が、私の今後の研究や教育活動にも大いに影響を与えるものだと感じている。石居ゼミのみなさまからの歴史学の知見に基づく鋭いご指摘は、いま思い出しても冷や汗が出るが、あの経験が私を成長させてくれたと確信している。

早稲田大学の野上元先生には、戦争社会学研究会を通じて多大なご指導をいただいた。直接的なアドバイスだけでなく、野上先生の研究に触れることで「書くこと」の重要性について深く考えさせられた。この論文が「書くこと」の意義を明らかにできているとしたら、それは野上先生の教えと研究の成果のおかげだ。こちらの勝手なお願いも暖かく受け入れていただき、見守ってくださった野上先生には感謝の言葉しか浮かばない。

また、一橋大学大学院のゼミでご指導いただいた椙山女学園大学の加藤泰史先生には哲学の視点から大変重要なご指摘をいただいたこととお礼申し上げたい。加藤ゼミのみなさまにもいつも真摯なご意見をいただき大変有り難かった。一橋大学大学院の講義でご指導いただいた一橋大学の根本雅也先生、科研プロジェクトを通じてご指導いただいた大正大学の木村豊先生からは、社会調査の手法と心構えについて貴重なご助言をいただいた。

社会理論・動態研究所の研究会での社会理論・動態研究所の青木秀男先生、東京大学の西村明先生、慶應義塾大学の清水亮先生、立命館アジア太平洋大学の宮部峻先生からのご助言も私にとって大変ありがたいものであった。

そして、本書の作成および研究のうえでは学会や研究会を通じて、多くの方達からご助言をいただいた。とりわけ、戦争社会学研究会では、多くの方々からのご指導やご鞭撻をいただき、この場をお借りして感謝申しあげたい。

歴史学研究会では、委員をしながら歴史学の視点を学ばせていただくとともに、歴史への向き合い方も私にとって非常に参考になった。

思想の科学研究会では、まだ右も左もわからなかった私を暖かく見守ってくださり大変お世話になった。戦後責任研究会ではさまざまな立場から戦前、戦後から続く問題にアプローチをしている方々と交流ができ、みずからの研究姿勢を再帰的にみることができた。

本書の執筆には成蹊大学文学部現代社会学科の方々にも大変お世話になった。また、社会調査士課程運営委員会の先生方にも研究や仕事に関しても大変勉強させてもらった。小林盾先生には研究に関することから、研究者としての姿勢、さまざまなことを学ばさせていただいた。多忙を極めながら研究もなさる小林先生の背中を見て、自分を奮い立たすことができた。

大学院などを通して、数多くの方々に恵まれたおかげで研究を進めていくことができた。すべての方々のお名前をあげることはできないが、ご助力をいただいたことを深くお礼申しあげたい。とくに、荒井悠介先生、伊藤慈晃先生、上野大樹先生、秋山道宏先生、梁・永山聡子先生、韓昇熹先生、川尻剛士先生、杉山怜美先生には、博士論文の執筆や本書の刊行にあたって多大なるご支援をいただいた。心から感謝を申しあげたい。

そして、本書は、わだつみ会やわだつみのこえ記念館の方々のご協力がなければ決して完成することはなかった。世代も年齢も大きく異なる私に、丁寧に何度もかみしめるようにしながら、お話を語ってくださった方々のご協力のもとに、本書を完成させることができた。この論文がどこまで、わだつみ会やわだつみのこえ記念館を描くことができたかはわからないが、可能な限り私に語ってくださった言葉を、描けるよう取り組ませていただいた。人生の先輩としても多くの指導をいただいたみなさまの、ありがたいお気持ちにお応えできるよう、研究者、教育者として今後も進んでいきたい。

わだつみのこえ記念館の渡辺總子さまには資料のご助言のみならず、貴重なお話をしていただいたことを深く感謝申しあげたい。渡辺さまのご協力なしには本書を刊行することはできなかった。渡辺さまのお話を聞けた時間は、研究にとって重要な時間でもあったが、それと同時に私にとって楽しい時間でもあった。

わだつみ会理事長・冠木克彦さま、事務局長の永島昇さまにもお力添えをいただいた。安川寿之輔さまに貴重なお話にくわえて、真摯に歴史を探究していくことの重要性をひしひしと学んだ。安川さまが刊行されている雑誌も大変刺激になった。わだつみ会では、本会で発表するという貴重な機会をいただき、そこで頂戴したご指摘も本著を書くうえで欠かせないものであった。

また、岡田裕之さまにはわだつみ会の歴史をまとめた貴重な論考も拝読させていただき、心よりお礼申しあげる。岡安茂祐さまにはわだつみ会の歴史にくわえて、教育者としての在り方も教えていただいた。岡安さまのような教育者になれるかはわからないが、少しでも近づけるように日々精進していきたい。

田口裕史さまには毎月のようにお話をしていただき大変ありがたかった。毎月お話をするのは大変だったにも関わらず、田口さまがご快諾くださったのには、田口さまのお心の広さはもちろんのこと、語ること、語りを聞くことを重視されていたからではないかと今になって感じもした。他者と向き合おうとする田口さまの生き方そのものも私にとってかけがえのない勉強であった。

二〇二〇年に逝去された高橋武智さまには、わだつみ会の歴史について真摯に教えていただいた。この場を借りてお礼申しあげたい。

第一次わだつみ会を研究された、馬の博物館・学芸員の門脇愛さまには本書の事実関係のご確認やご助言をいただいたこと、心よりお礼申しあげたい。

ここで、お名前を挙げ切れないほど多くの方々に大変お世話になりました。この場を借りて、心からの感謝の意を表します。

本書の出版にあたっては、雄山閣の方々には大変お世話になりました。こちらの都合で日程を何度も調整していただいたのにも関わらず、刊行まで辿りつくことができたのも編集の八木崇さまのお力があってこそでした。

最後になるが、この場をお借りして、ずっと温かく応援し続け、支え続けてくれた家族に心より感謝を申しあげたい。父と母は、一般的には就職をしている年齢まで、大学院に通わせてくれ、先行きが見えないなか、ずっと私を信じ応援し続けてくれた。まだ道半ばではあるものの、この博士論文を提出できたのも、長い学生生活を辛抱強く支え続けてくれた家族のおかげであり心より感謝したい。

本書は公益財団法人の松下幸之助記念志財団の研究助成（助成番号 二一－G二六）による研究成果の一部である。ご支援いただいた松下幸之助記念志財団にお礼を申しあげたい。

本書を執筆するにあたっては、ご指導してくださった先生方、学友、家族、当事者の方たちと本当に多くの方にお世話になった。あらためてすべての方々に感謝を申しあげて、結びとしたい。

二〇二四年七月一五日

那波 泰輔

■著者紹介

那波 泰輔（なば たいすけ）

1989年生まれ。
一橋大学大学院社会学研究科博士後期課程修了、博士（社会学）。
現在、成蹊大学 社会調査士課程室 調査・実習指導助手。
専攻分野：歴史社会学

〈**主要業績**〉

「ハチ公像が時代によってどのように表象されたのか――戦前と戦後以降のハチ公像を比較して」（『年報カルチュラル・スタディーズ』、vol. 2、2014年）

「わだつみ会における加害者性の主題化の過程――一九八八年の規約改正に着目して」（『大原社会問題研究所雑誌』764号、2022年）

「「わだつみ」という〈環礁〉への航路：ミュージアム来館者調査から」（清水　亮・白岩伸也・角田　燎編『戦争のかけらを集めて――遠ざかる兵士たちと私たちの歴史実践』図書出版みぎわ、2024年）

2025年（令和7）1月10日　初版第一刷発行　《検印省略》

「わだつみ」の歴史社会学《れきししゃかいがく》
――人びとは「戦争体験《せんそうたいけん》」をどう紡《つむ》ごうとしたのか――

著　者　那波泰輔
発行者　宮田哲男
発行所　株式会社 雄山閣
〒102-0071　東京都千代田区富士見2－6－9
TEL 03-3262-3231㈹／FAX 03-3262-6938
振 替 00130-5-1685
https://www.yuzankaku.co.jp

印刷・製本　株式会社 ティーケー出版印刷

ISBN978-4-639-03021-8　C3021
N.D.C.221　192p　22cm